Lars Platzek

NAMASTE ANANDA

– Indien mal anders –

Verlag Neue Literatur
Jena · Plauen · Quedlinburg
2009

Bibliografische Information Der Deutschen Bibliothek
Die Deutsche Bibliothek verzeichnet diese Publikation in der Deutschen Nationalbibliografie; detaillierte bibliografische Daten sind im Internet über http://dnb.ddb.de abrufbar.

www.vnl.de

Gesamtherstellung: Satzart Plauen
Printed in Germany

ISBN: 978-3-938157-83-1

PROLOG

Wenn jemand sagt, dass er Kenntnisse über alles hat, also ein Wissender ist, so muss ich mich fragen, woher er das alles weiß. Eine Handvoll Wasser aus einem Fluss – was bedeutet das schon? Er ist nicht der Strom, ich bin nicht der Strom. Bei ihm zu sein, zu sitzen und sein Fließen zu beobachten, wahrzunehmen, wie Blätter auf dem Fluss um ihr Überleben kämpfen, lässt mich teilhaben, aber noch lange nicht wissen. An klaren Tagen sieht man den Grund, an trüben nicht. Die eigene Klarheit ist daher so durchsichtig wie trübes Wasser.

BALUJA FOREX
PVT. LTD
INTERNET
Rs.5/-
Mail Check FREE
DHL
FedEx
ARAMEX
SEX
INTERNET
FREE

INHALT

Feierabend	10
Alishas Glaube	13
Happy Journey 2841	19
Die Kama der Sūtra	22
Grüne Berge, göttlicher Segen	27
Nanda, der Barbier	33
Sonntagmorgenruhe	35
Goa Velha	39
The High Range Club	46
The Camel Drivers	49
Von der Perle auf der Wange der Zeit	55
Im Reiche Amaravatis	58
Manikarnika	66
Ganga Arta	71
Brahmas vergessene Kinder	74
Cow Cross Country	80
Brhaspati (Teil I)	84
Durga (Teil II)	91
Die dreizehn Krieger des Hanuman	96
Hanumans Rache	101
Eins (Indra)	104
Zwei (Varuna)	110
Drei (Writra)	112
Om mani padme um	118
Eternal Faith	121
Credits	126
Appendix	130

FEIERABEND

Deutschland im Sommer

Wir schafften es, mit unserem A6-Offroad durch abgeerntete und staubtrockene Roggenfelder direkt bis zum Wasser vorzufahren. Der CD-Player hüpfte vergnüglich benommen über die Schlaglöcherketten und ich freute mich über die neue, drückende Bassrolle, die ich mir vor Kurzem geleistet hatte.

Während ich im Wasser bereits dem Sonnenuntergang entgegenschwamm, spielte Chris noch am Radio herum und suchte den passenden Sender für unsere Stimmung. Irgendwie funktionierte es, dass er, da er beim Radio arbeiten durfte, nun befugt war, Gott zu spielen und Leuten seine Musikwünsche auf die Ohren zwingen konnte. Verdammt gute, aber auch verwegene, durchgeknallte Musik, viel zu schade für all die unwürdigen Proletenohren, aber Gott sei Dank hören die ja sowieso nicht diesen Sender. Ich fragte mich stets und ständig, wie er immer solche Dinger hinbekam. Egal, sein Glück war ihm zu gönnen. Es war achtzehn Uhr und der Piratensender mit staatlicher Funklizenz ging auf Sendung. Als Schocker für die greisen Opas lief Radiohead und ich wusste, dass die Kaufentscheidung für die Rolle, mit dem passenden Basseffekt als Kick, richtig gewesen war. Zum besseren Verständnis sollte ich erwähnen, dass dieser legendäre Radiosender sich mit einem Oldiesender die Funklizenz teilt und daher die Frequenz nicht immer zu genießen ist.

Ich stellte mir vor, wie nach Simon and Garfunkel so etwas wie The Prodigy, Limp Bizkit oder auch einmal wildeste Ethno-Klänge aus den dreißig Jahre alten DDR- Radios dröhnten. Omi würde bestimmt vor Schreck mit tattrigen Händen die Rondo-Kaffee-Tasse über die Blümchendecke schwabbeln und zittrig nach ihren Beruhigungstabletten greifen.

Für Musik war also gesorgt. Chris stieg die kleine Böschung zum Ufer hinab und steckte sich eine der absolut billig schmeckenden Zigaretten von Aldi an, die allerdings äußerst preiswert sind. Noch ehe das Lied zu Ende war, kündigte er den nächsten Song an und malte für jeden laufenden eine Zahl in den Sand. Störend wirkte das nichtssagende Dazwischengerede des Moderators. Zum Glück musste ich nur seine ach so schöne Stimme ertragen und nicht seine schiefen, kariösen Zähne, die Filzhaare und den aufgedunsenen Körper – so etwas kann man ja dankenswerterweise nicht hören. Chris sagt dann immer, dass alle Radiomoderatoren beim Fernseh-Face-Test durchgefallen seien und nur deswegen beim Radio arbeiteten. Das finde ich gut, denn solche Leute will ich erst gar nicht im Fernsehen sehen. Das soll jetzt allerdings nicht diskriminierend klingen und ist auch nur ein Vorurteil gegenüber Radiomoderatoren, denn sicherlich gibt es auch attraktive Radiosprecher.

Während ich also darüber nachdachte, Chris am Ufer, glücklich rauchend, beobachtete und mein geiles Auto mit der neuen Bassrolle betrachtete, fiel mir ein, dass ich ja noch im Wasser war. Mir wurde kalt und ich verfiel in eine melancholische Stimmung. Normalerweise pflege ich ja diese depressiven Momente, aber nicht jetzt. In diesem Moment hasste ich das Gefühl, weil ich genau wusste, dass ich dann immer anfing, unheimlichen Schrott zu denken und versuchte, ihn ziemlich mühselig in Worte zu fassen. Mir kamen Gedanken darüber, wie schlecht die Welt sei und dass man aus diesem absolut langweiligen Deutschland wegmüsse.

Ich schwamm zum Ufer. Chris bot mir ein Bier an, dazu eine von den abscheulichen Aldi-Kippen und die noch warmen Bäckerbrötchen, die ich in den Milram-Gurkenquark tunkte. Es gibt nichts Schmackhafteres als Brötchen mit Gurkenquark, den in dieser Qualität leider nur Milram anbietet. Dazu ein Bier und danach eine Zigarette. Im Radio lief von Fünf Sterne Deluxe »Ein ganz normaler Tag«.

Ich weiß nicht, wie lange wir so saßen und über dem glasklaren See der untergehenden Sonne nachweinten. In der Ferne rumorte noch das Kieswerk. Eigentlich gehe ich nur in nicht freigegebenen Kiesgruben baden. Das hat etwas von Freiheit an sich und außerdem ist das Wasser sauberer, weil die rohen, ungebildeten Schwänze dort nicht reingepinkelt haben. Plötzlich fragte Chris mich, ob ich glücklich sei. Blöde Frage in einem solchen Augenblick. Ich glaube, ich sagte Ja, schwatzte das allerdings nur so daher, weil ich darüber nicht wirklich nachdenken wollte.

ALISHAS GLAUBE

Einige Wochen später

Es war dunkel und ich blickte gedankenversunken aus dem kleinen Flugzeugbullauge in die pechschwarze Nacht. Wenn man einem fremden Kontinent zeitlich und geografisch immer näher kommt, substituiert sich die Freude wie von Geisterhand zu einer lähmenden Angst vor dem Undefinierten. Millionen von Gedanken schießen einem durch den Kopf, doch mögliche Antworten bleiben aus.

Ja richtig, ich saß im Flieger nach Indien und vom vielen Nachdenken über die Gründe meiner Reise bekam ich linksseitige Kopfschmerzen. Daher ließ ich es und suchte vergeblich nach leichterer gedanklicher Kost. Ich kann es ruhig zugeben: Ich wusste überhaupt nicht, was der ganze Unsinn sollte. Einfach so – auf nach Indien! Man gönnt sich ja sonst nichts. Früher, ach, früher hätte man so etwas nicht gemacht. Bullshit – hätte man …

So saß ich auf dem Weg von London nach Kalkutta in einem überbuchten Flieger und versuchte, diese saudumme Entscheidung zu rechtfertigen. Glücklicherweise hilft meistens die Natur mit der Kunst der Ablenkung. Little-terrible Alisha, ein laufender indischer Meter Frau, eine Reihe vor mir sitzend, aus Deutschland abgeschoben, heulte und laberte mich in regelmäßigen Abständen über den Sitz hinweg zu, sodass ich ganz irr wurde. Wegen ihr musste der Flieger auf dem Rollfeld schon fast umdrehen, um einen Seelenklempner an Bord zu lassen.

Irgendwann ging es dann endlich los und mit dänischem Joghurt und dänischer Butter, kombiniert mit einlullender indischer Mugge in den Ohren, kann man in zehntausend Meter Höhe über dem indischen Ozean ein Enfant terrible aus dem indischen Busch mit einer überzeugenden Gleichgültigkeit ignorieren. Ich lächelte einfach nur und war wieder einmal viel zu lieb für diese Welt. Warum eigentlich dänischer Joghurt? Logo, die Kühe dürfen die Inder doch nicht anfassen – heilig!

Genauso verrückt wie Alisha schien auch der Rest der Besatzung. Alte, kaum noch mit Fleisch bestückte indische Mütterchen lagen verschrumpelt in den Sitzreihen. Ein Wunder, dass während des Fluges niemand das Zeitliche segnete. Was wollten die nur in Europa und woher hatten sie die unglaubliche Masse an Kohle, um sich den Flug leisten zu können? Bestimmt ging es kurz vor dem Ende noch einmal zu den Kindern nach Eton oder Oxford und dann ab nach Varanasi, um mit den letzten Regenwaldstämmen dem Ganzen einen Abschluss zu geben. Wie nett, dass sie trotzdem noch ungeniert ihre linke Hüfte Sari-frei trugen. Welch ein Anblick! Lächerlich war nur, dass die Stewardessen nicht wirklich besser aussahen. Nie wieder British Airways!

So vergingen die Flugminuten alles andere als im Fluge. Alisha war ebenso aktiv wie anfangs, ließ mich allerdings inzwischen in Ruhe. Wie Phönix vor dem Fenster zeichneten sich um vier Uhr früh sanft die Lichter Kalkuttas ab. Doch wo blieb nur die Vorfreude auf das unbekannte, jungfräuliche Land? Wo die Glückshormone, die mir aus dem Rückenmark immer ein freudiges Lächeln in alle Muskelgruppen senden? Die verpissten sich spätestens beim Verlassen des Flughafengebäudes endgültig.

So betrat ich den Boden dieses Landes und hatte auch gleich eine Schlange von Taxifahrern, Tourist-Guides, Dealern und was weiß ich – alles selbstausgewiesene Freunde – um mich wie einen Haufen Schmeißfliegen. Vollkommen überfordert von dem Gewusel, steckte ich mir als alter Nichtraucher erst einmal eine Zigarette an und das Nikotin sauste fröhlich in meinem Gehirn umher. So entspannt ging die Taxiauswahl viel einfacher vonstatten. Kaum eingestiegen und die erste Kurve genommen, ließ ein lauer, nach Indien riechender Wind mir ein paar Tropfen Salzwasser die Stirn entlangrinnen. Ja, sie hat schon was, diese Mischung aus faulig-modrigem Monsunwasser, säuerlich-schwelendem

Müllhaufenduft, Zweitaktmotorabgasen, abgestandenem Urin und Unrat über Unrat. Trotzdem durchströmte mich ein leichter Anflug von Glück, aber eben nur ein ganz leichter.

Nach zwei Stunden riecht man es nicht mehr und der Glücksanflug ist auch schon wieder von dannen gezogen. So zog die ganze elendig dreckige, stinkende Stadt und das ist leider untertrieben – Scheißhaufen wäre wohl passender – an meinem tränenden Auge vorbei. In Deutschland hätte man bestimmt alles bis zu einen Kilometer Erdtiefe in große, blaue Fässer verpackt und in Morsleben für die nächsten Millionen Jahre endgelagert.

Wir waren angekommen. Mein Fahrer meinte das jedenfalls. Ich stieg aus dem Taxi, einem unter vielen, weiß, im Fünfzigerjahre-Design. Ein klassischer Ambassador oder anders ausgedrückt, ein umgebauter Oxford Morris. Dort stand er am Straßenrand. Der pure Klassiker. Wie rund, ja geschwungen er ist – elegant und großartig anzusehen. Die Scheinwerfer so lieb in den dreckigen indischen Alltag schauend. Die kleine Ambassador-»Emily«, ummantelt mit einem Lederschutz, auf dem Kühlergrill platziert. Fast ein Daimlerstern, nur viel eleganter – ich möchte sogar so weit gehen und behaupten: Das ist ein Statussymbol, das ist gepflegter Luxus. Die Windschutzscheibe geht fast neunzig Grad steil nach oben, gefolgt von dem leicht gewölbten Dach und dann erst der Abgang – fast wie ein kleiner Rolls Royce. Und der Kofferraum … Ringsum blinkt Chrom – unglaublich. Eine indische Legende! Seit der Unabhängigkeit ist er da, hat Krieg und Frieden gesehen. Veränderungen en gros, nur er ist immer noch so, wie er immer war, der Amby. Im Innenraum liebevoll und zärtlich mit Plüsch ausgestattet, keine Sitze, nur ungeteilte Bänke, um Platz zu sparen und hinten natürlich getönte Scheiben. Den linken Seitenspiegel gibt es nicht, der rechte genügt. Um zu fahren, wie man lebt, stur nach vorn, ohne Rücksicht, gerade so flexibel, dass man keinen Crash baut. Ja, das ist Hindustan Motors – das ist

Amby. Was würde man in Deutschland dafür geben? *Making every journey a pleasure ride!* Offiziell wurden in den vergangenen fünfzig Jahren zwar bahnbrechende technische Neuerungen vorgenommen, aber mehr als einen leicht modifizierten Kühlergrill oder ein hinterherhinkendes, postmodernes Armaturenbrett hat Hindustan Motors nie springen lassen. Ein weiterer unschlagbarer Pluspunkt ist seine quasi unendliche Passagierkapazität. Zehn bis zwölf Personen samt Gepäck sind nicht selten. Da wiegt der Inhalt mehr als das Auto selbst, denn der Motor und das bisschen Blech bringen nicht mehr als fünfhundert Kilo auf die Waage.

Der Taxifahrer öffnete das Schloss der Stahlkette, die die Kofferraumklappe sicherte und ich nahm mein Gepäck heraus. Schweren Herzens wandte ich mich ab und ging die wenigen Schritte zur Hoteltür. Sie reichten vollkommen aus, um den Transpirationsmechanismus meines Körpers wieder anzukurbeln, welcher glücklicherweise durch die Hotellobby mit ihrer kühlen, elektrischen Grabeskälte wieder eingedämmt wurde. Der Hotelmanager lächelte und reichte dem Pagen den Schlüssel, der auch schon, ohne mein Zutun, mit meinem Rucksack und dem restlichen Gepäck im Fahrstuhl verschwand und auf mich wartete. Bevor ich mich ihm widmete, hatte ich allerdings noch eine letzte Frage an den Manager, die den Preis der Übernachtung betraf. Eintausendzweihundert Rupien, hmm … Irgendwo zwischen zwanzig und dreißig Dollar – Scheiße! So viel Geld war nicht eingeplant und ich war noch nicht einmal fünf Stunden in diesem Land. Egal.

Der Fahrstuhl surrte und wenig später stand ich in meinem ersten indischen Hotelzimmer, bestehend aus einem Bett, einem Fernseher und einem Badezimmer. Es war angenehm kühl, gar nicht indisch, dafür umso lauter. Ein überdimensionaler Kasten sorgte für kalte Luft, aber auch für Lärm. Trotzdem fand ich endlich etwas Ruhe und suchte den verdienten Schlaf, was mir nicht so recht gelingen wollte, zu aufgewühlt war ich innerlich. Obwohl ich durch den langen Flug das Ende meiner Kräfte spürte, waren die Sorgen größer als die Müdigkeitsattacken. Anscheinend geht der Stress jetzt erst richtig los, waren meine letzten Gedanken, als dann doch der Schlaf siegte.

Es muss ein guter, göttlich schöner, traumloser Tiefschlaf gewesen sein, jedenfalls brauchte es einige Zeit, bis mich meine indischen Freunde wiederhatten. Ein Blick aus dem Fenster auf den Straßenverkehr in der Mittagsstunde zeigte ein emsiges Treiben und ich kehrte in die reale Welt zurück. Wie in einem übergroßen Ameisenhaufen bewegten sich hektisch Autos, Motorräder, Fahrräder, LKWs, Menschen und Hunde auf den Straßenadern. An allen Ecken hupte und tutete es und die Smogglocke hing wachend über allem.

Während ich dies alles beobachte, plätscherte lauwarmes Wasser aus der Badewannenarmatur, wie ich das nur von meiner Oma her kannte, – mein erstes indisches Bad. Zwar waren ein roter und ein blauer Punkt an den beiden Schraubhähnen angebracht, aber das Ergebnis war dasselbe. Störte allerdings nicht weiter, bei über dreißig Grad Außentemperatur ist Kälte immer wohltuend. Leider war und bin ich kein Fürst oder Maharadscha, sodass mir niemand die Seife reichte und den Rücken massierte. Höchstwahrscheinlich wusste auch keiner der Millionen Inder, dass ich soeben diesen Wunsch hatte. Ganz allein und völlig entspannt konnte ich ein paar Blasen durch meine Beine und an die indische Luft lassen. Ein leichtes Lächeln zwang meine Gesichtsmuskulatur zu ungewohnter Aktivität. So langsam wurde mir die Situation richtig bewusst und ich konnte ruhig zugeben, dass dabei unterschwellig Stolz und Eigenlob mitschwang. Nun war ich also wirklich hier – cool, wer hätte das je gedacht!

HAPPY JOURNEY 2841

North Indian Railways, Zugnummer 2841

Ich konnte einfach nicht schlafen. Schrecklich hier! Das Bett, also die Pritsche, die mir zum Pennen angeboten wurde, war zehn Zentimeter zu kurz, die Klimaanlage zu kalt, die Umgebungsgeräusche zu laut, dazu der dumpf vibrierende Unterboden und nicht enden wollendes Kindergeschrei! Abgesehen davon wurde das alles in rhythmischen Abständen von einem meiner Zellengenossen, eingepackt mit Zugbettlagen, übertönt. Er schnarchte, furzte und schmatzte wie ein sattes Schwein. So blieb mir nichts anderes übrig, als auf die Pritsche über mir zu stieren und zum tausendsten Mal bekloppte virtuelle Schafe zu zählen.

Indian Railways kann schon gewaltig nerven. Dazu kam, dass es bereits die zweite Nacht im Zug war. Auf was ließ ich mich schon wieder ein? Zweitausend Kilometer in über dreißig Stunden Fahrzeit. Na ja, am nächsten Morgen um fünf Uhr sollte alles geschafft und vorbei sein. Da musste ich glücklicherweise aussteigen. Inzwischen lag die Verspätung bei zweihundertvierzig Minuten; erstaunlich wenig bei der Kilometeranzahl. Da sollte sich die Deutsche Bahn eine Scheibe abschneiden! Seit zwei Tagen hockte ich nun in diesem Abteil, mal allein, mal zu sechst, denn es war mit je drei Pritschen pro Seite ausgestattet, die tagsüber eingeklappt werden konnten, sodass man zu dritt auf der untersten saß. Ich langweilte mich den lieben langen Tag, ließ mir ständig dieselben Gespräche aufdrängen und versuchte, durch das getönte Fenster, das selbstverständlich unsauber und verstaubt war, vergeblich, einen Blick nach draußen zu erhaschen. Daher wusste ich nie wirklich, wo sich der Zug gerade befand. War gar nicht so schlecht, denn dadurch war ich regelrecht dazu gezwungen, aufzustehen und aus der völlig problemlos zu öffnenden Zugtür zu schauen. Das machte man im Bahnhof, wenn der Zug eine Pause einlegte oder zwischendurch, wenn der Zug langsamer fuhr als gewöhnlich. Außerdem konnte ich auf diese Weise den anhaltenden nervigen Fragen der Zugabteilinsassen gekonnt ausweichen. Nicht, dass ich unkommunikativ wäre, aber das war einfach zu viel für mich.

An jenem Tag saß ich, so kam es mir jedenfalls vor, fast den ganzen Tag in der Zugtür, baumelte mit den Beinen im Freien und las ein komplettes Buch. »Aufruhr« von Shashi Tharoor – eine tödliche Liebesgeschichte zwischen einer Amerikanerin und einem Inder. Es handelt in Indien, irgendwo in der Pampa. Ein sehr gutes Buch und so wahr. Allerdings nichts für schwache Nerven. Aber als Backpacker in Indien muss man sowieso hart im Nehmen sein, da sollte einen so was nicht schockieren. Leider unterbrachen mich immer wieder die Leute beim Lesen, die in den Pausen an den Bahnhöfen die Tür belagerten. War wiederum ganz praktisch, denn auch ich musste mir die Beine ab und zu vertreten. Ein Bahnsteig war der ideale Ort für einen kurzen Spaziergang, denn in der Regel pausierte der Zug immer eine geschlagene Viertelstunde.

Es ist einfach genial, mit einem Becher perfektem Tee und ein paar Pakoras, das Ganze für zehn Rupien, auf dem Bahnsteig umherzulaufen und die wuselnden Inder zu beobachten. Wie ganze Familien mitsamt Kind und Kegel in den Wagen verschwanden. Vorbei zogen auch Losverkäufer, Wanderprediger samt komplettem Tempelinventar und Zauberkrückstock, Bettler mit diversen fehlenden Gliedmaßen, barfüßige Bahnsteigfeger, dicke, khakigekleidete Bahnhofsbeamte, Soldaten mit Gewehren, abgemagerte, kleinwüchsige Gepäckträger, Inder mit Hemden und Businesshosen und viele Frauen in bunten Saris. Schon irre, dieser Bahnhofsmikrokosmos! Nicht zu vergessen: die unüberschaubaren Verkaufsstände. Egal, was man wollte, es gab für alles Mögliche einen fliegenden Händler. Für Tee, Kaffee, Obst, Zuckerrohr, Gurken, Kurzgegartes, Kekse, Zeitschriften und vieles mehr. Und begriff einer von denen, dass da so ein stinkreicher Westtourist war, wollten sie einem auch schon alle etwas verkaufen. Ich versuchte daher, sie zu ignorieren und tat immer sehr beschäftigt. So zählte ich zum Beispiel die Wagen des Zuges: fünfundzwanzig an der Zahl, plus Pantry, plus fünf Gepäckwagen.

Wo, bitteschön, kann man dergleichen sonst? Für so wenig Geld so viel erleben? Einfach bei den fliegenden Straßenhändlern kleine Köstlichkeiten naschen, sich treiben lassen, die Leute beobachten und die Wagen zählen. Das ist nur bei der indischen Eisenbahn möglich. Die goldenen, glorreichen einhundertfünfzig Jahre Indian Railways – der größte Arbeitgeber der Welt, mit mehr Fahrgästen täglich, als in Deutschland Menschen leben. Wo das Essen noch frisch in der Waggonküche zubereitet wird und auf Wunsch beim nächsten Stopp noch schnell ein paar Hühner nachgeordert werden.

DIE KAMA DER SŪTRA

und die Kunst der Liebe

Dharma, die heilige Schrift, Artha, der Besitz an Kunst und Freuden und Karma, der Spaß am Empfinden der Dinge – wahrgenommen durch die fünf Sinne, das Sehen, Hören, Fühlen, Riechen und Schmecken, über Verstand und Seele. Zusammen bilden sie das Kamasutra. Das Beherrschen dieser Lehre gilt in Indien noch heute als Grundwerkzeug jeder Ehe. Egal ob als Frau, die sich vom Manne falsch verstanden fühlt oder als Mann, der als missverstandener, grober Sexlüstling gilt – das Befolgen einfachster Grundsätze lässt jeden als ein charmantes Wesen erscheinen, das das Herz eines Partners erobert.

Die Verpflichtung zu gegenseitigem Respekt, Lernen und Zuneigung obliegt sowohl dem Mann als auch der Frau. So sollte die Frau nur einen Mann ehelichen, der ihrem Intellekt entspricht, ihr gehorsam ist und das Vergnügen nicht vernachlässigt. Mag er arm oder nicht der Stattlichste sein, so ist er dennoch um Längen besser als jener, der seine Bestätigung in der Masse sucht. Vom Mann wird verlangt, die Kunst der Verführung zu beherrschen, um die Frau in die Freuden der Zweisamkeit einzuführen. Der, der ein Mädchen vernachlässigt, weil er denkt, dass es zu schamhaft ist, wird von ihm verstoßen wie ein räudiger Hund, weil er nicht auf seine Neigungen eingegangen ist.

Nur wer sich bemüht, die Frauen zu verstehen und durch Ansehen Vertrauen gewinnt, wird siegen und zum Objekt ihrer Liebe werden. Aber den vielfältigen Launen des weiblichen Geistes blind zu folgen, entspricht ebenso wenig dem goldenen mittleren Weg, wie ihnen strikt zu widersprechen. Um einen Partner zu behalten, muss man ihn glücklich machen und befriedigen. Die Weisheit liegt im Verstehen, Vertrauen und Empfinden – im Geben und Nehmen, aber nie in der Gewalt. Nur so gelangen beide zu einem gemeinsamen höheren Bewusstsein, das das Rückgrat jeder Beziehung ist.

So oder so ähnlich fängt jede Geschichte indischer Sexualtherapeuten an. Ich weiß nicht mehr, wo mich eine solche Person überfiel, aber es war bestimmt ein ziemlich heiliger Ort. So saß ich und genoss das Sein, bis sich ein smarter, junger Inder neben mich setzte und einfach zu erzählen begann. Neugierig lauschte ich seinen Worten und war recht begeistert. Na, klingt gar nicht so schlecht, dachte ich bei mir, da hängen wir doch in Europa etwas hinterher, oder? Aber in der Theorie hört sich immer alles überzeugend an … meine Gedanken glitten ab. Stopp. Ich wollte ihm ja weiter zuhören. Das tat ich auch und irgendwann war er dann endlich fertig und gab mir zu verstehen, dass ich ihm folgen solle. Er habe Utensilien, die die Liebe noch schöner als Kamasutra machten. Oho, es wurde interessant – indische Sexualspielzeuge, Sälbchen, Tröpfchen und geheime Pülverchen!

So trottete ich ihm hinterher und wir gelangten durch diverse Nebengassen zu seinem Haus. Ich nahm an, es gehöre ihm, aber vielleicht war es auch nur irgendein Haus. Ich betrat also einen kleinen Laden, der verwinkelt und mit allerlei Dingen und Gewändern bis unter die Decke vollgestopft war. Spontan fiel mir die Parfümerie von Baldini im Roman »Das Parfum« von Patrick Süskind ein. Jedenfalls stelle ich mir die in meiner Fantasie so vor. Spärliches Licht und der Duft unzähliger Räucherstäbchen. Ich schaute mich um und mein Blick fiel auf ein riesiges, altes Holzregal, mir direkt gegenüber. Es bestand aus unzähligen Schubladen mit indischer Beschriftung. Darauf lagen bestimmt zerriebene Tigerknochen, getrocknete Bullenklöten und mir unbekannte Utensilien. Eklig. Gleich daneben, also an der benachbarten Seitenwand, befand sich etwas Eingelegtes. Zum Glück war es dunkel genug, um es nicht zu erkennen. Bestimmt war es besser so.

Wie erwartet, legte er nun viele dieser Dinge auf den Tisch und lauerte sicherlich darauf, dass ich ordentlich einkaufen würde. Interessiert ließ ich mir alles erklären, konnte aber mit dem Wenigsten davon etwas anfangen. So beschloss ich, lieber nichts zu kaufen. Ich schmiere mir doch nicht irgendwelche Salben und Pulver an diese empfindlichen Körperteile, von der oralen Einnahme ganz zu schweigen! Wer weiß, was dann mit einem passiert. Dauerständer oder vielleicht sogar Pusteln – Hilfe! Ich mochte gar nicht an die Folgen denken. Das wäre doch ein gefundenes Fressen für die Bildzeitung gewesen. Ich sah schon die Titelstory: Junger Mann durch Einnahme von indischem Sexpulver beim Onanieren gestorben. Nee, danke. Mein Gegenüber sah das leider nicht so und holte fleißig weitere Sachen aus den Regalen. So langsam sah es aus wie bei einem Alchimisten. Ob das auch brennen und explodieren konnte? Ich glaube, damit hätte er mich gekriegt. Doch so blieb ich standhaft und kaufte nichts, was er auch langsam kapierte. Immer noch freundlich, räumte er zusammen und gab mir zu verstehen, dass ich ihm abermals folgen sollte. Wir verließen den Laden durch die Hintertür in den Innenhof.

Das Gebäude erhob sich in zwei Etagen um diesen zentralen Platz. Alle Räume gingen von hier ab. Im Erdgeschoss die Küche, Lagerräume und Tageszimmer, eine Etage höher die Schlafräume, die man über eine enge, steile Treppe erreichte. Ich folgte ihm voller Erwartung. Vor einem kleinen Zimmer blieb er stehen, schlug den Vorhang beiseite und machte eine Handbewegung, frei nach dem Motto: Also nun sieh her, hier ist dein Glück. Ich wagte kaum, meine Augen in das Zimmer zu richten und als ich es tat, konnten sie den Input kaum an mein Gehirn weiterleiten. Noch ungeduldiger wartete der Rest meines Körpers auf erste News von der Schaltzentrale. Was sollte vor Schreck zuerst reagieren? Wie immer: die Hormonzentrale. Blutdruck rauf, Herz schneller und daran denken, den Kieferschließmuskel zu aktivieren.

Da lag sie vor mir. Als ob Lakshmi persönlich auf Erden wandelte und die Landebahn für alle Harmonien öffnete. Alles, was man sich in seinen Träumen über eine indische

Göttin ersponnen hatte, lag da einfach auf mich wartend im Bett. Eine Gestalt so traumhaft wie die Loreley, Augen wie Sterne, Hüften schön und grazil wie die einer Fee und Beine wie die der Monroe. Das Ganze zart gebräunt. Zum Glück war ich nicht aus Butter, ich wäre sofort dahingeschmolzen. Minuten später kam ich zu mir und merkte, dass ich immer noch sabbernd und willig vor ihr stand. Aber wie reagiert man in einer solchen Situation? Was sollte das überhaupt werden? Fragen über Fragen. Nur in einem war ich mir sicher: Die Frau lag dort nicht aus Langeweile. Dezent verstört, stammelte ich dummes Zeug zusammen. Aber mein indischer Geschäftsmann erlöste mich und sprach aus, was ich dachte. Puh. Ehem. Keine Ahnung. Ja oder nein? Da stand man, kniete man vor einer Perle und wagte es nicht, die Hand auszustrecken. Nun war guter Rat teuer. Was macht man(-n)? Der Verstand sagt Nein, manch anderes Körperteil Ja. Darüber hinaus mag Indien rückständig sein, wie es will, in Liebesdingen ist es ein Anwärter für das Weltkulturerbe. Die Entscheidung kam wieder einmal aus dem Großhirn. Trotz der lockenden Weibesrufe, die mein Herz beinah zerrissen, wollte ich ihren Liebesbanden entkommen. Na ja, meinem Vorsatz, nichts Ungeschältes und Ungekochtes zu konsumieren, blieb ich somit treu. Ich fragte letztlich nach dem Preis.

GRÜNE BERGE, GÖTTLICHER SEGEN

und eine Menge Legenden

Selbstverständlich ranken sich die meisten Legenden um Ereignisse aus vergangener Zeit, wie eben die folgende. Sie wurden zu Mythen oder gingen in Erzählungen und Geschichten über.

Es geschah eines Abends, dass mein Guide mit einer Flasche Whisky auf das Hoteldach kam und anfing zu erzählen. Die Gesänge des Imam wurden soeben vom Wind in die Nacht geweht und Stille senkte sich vom Maharadscha-Palast, der über der Stadt thronte, herab. Noch immer stand das Thermometer bei über dreißig Grad, der Vollmond mit seinem milden Licht bedeckte die Altstadt mit einem mystischen Hauch von Ewigkeit. Derselbe Wind, der die Klänge des Imam verbreitet hatte, kühlte jetzt liebevoll-zärtlich meinen vom Tag erhitzten Körper. Ich ließ mich auf die Brandungsmauer sinken und starrte in den blauen, stauberfüllten Himmel.

Normalerweise besuchte mich zu dieser Stunde kein Guide im Hotel und vor allem nicht mit Alkohol, aber scheinbar war dieser Abend etwas ganz Besonderes. Das Resümee eines aufregenden Tages folgte. Der hatte recht harmlos begonnen. Beim Kreuzen einer Landstraße knallte uns ein Bus ungebremst in den linken hinteren Kotflügel und mein Guide landete daraufhin im Straßengraben. Ach du meine Güte, der schöne Amby! Alles Nachfolgende war purer Stress. Wie bekommt man einen Ambassador aus dem Straßengraben? Nach einer Stunde entschieden sich vierzig Inder fürs Tragen. Weitaus unkomplizierter wurden die entstandenen Schäden behoben. Ein Kamel brachte ein mobiles Schweißgerät und nach ungefähr einer halben Stunde war der Amby wieder flott. Natürlich ohne vorher das Benzin abzulassen – warum auch –, stellte ich kopfschüttelnd fest. Gefasst auf alles, wartete ich ungeduldig.

Jetzt tranken wir oben auf dem Dach einen Schluck von dem billigen Fusel, gemixt mit Cola, der mit jedem Schluck genießbarer wurde, und aßen süßes Fladenbrot. Lecker! Normalerweise rebellierte mein Magen seit geraumer Zeit gegen billigen Whisky und Co., nur wollte die Antipathie heute einfach nicht siegen. Das Glas geleert, begann mein Guide zu erzählen, über eine epochale indische Veda, und schenkte mir stets nach. Aufgrund des vielen Alkohols fühlte mein Kopf sich an, als würde er schwingen.

Shiva, der große Gott der Weisheit, war auch ein Mann des Lebens und der Freude; der große indische Gott der Gegensätze. Zerstörer und zugleich Begründer der Welt. Der Gott des Tanzes und der Feste und zugleich der Gott der Meditation und der Keuschheit. Er jedenfalls, der überragende Shiva, ritt auf seinem Begleittier, dem Stier Nandi, durch die Berge zu seiner Gemahlin Parvati, der Tochter der Berge, als urplötzlich sein wachsames Auge einen ihm noch unbekannten Berg mit üppigem grünen Bewuchs erspähte. Neugierig erkundete er das fremde Land und wurde von den dort lebenden Menschen herzlich empfangen. Man richtete ihm zu Ehren ein großes Fest aus und wie es unter Freunden so üblich war, reichte man ihm die Pfeife der Brüderschaft. Lediglich mit seinen Lippen berührte er den Pfeifenkörper, schon spürte er die Magie des Inhaltes und als sei es ein ausgesprochener Befehl, nahm er einen tiefen Zug.

Der Rauch durchströmte seine Adern und eine wohltuende Empfindung erfüllte ihn. All das erlebte Leid ward vergessen, nur das Jetzt existierte. Grenzen verschwammen und es schien ihm, als sähe er die Welt mit anderen Augen. Es war wie ein Schleier, der nun niederfiel und die Wahrheit unter sich verbarg. Kleinigkeiten traten aus dem Schatten hervor und er bedauerte, sie täglich zu vernachlässigen. Komponenten lösten sich scheinbar aus dem Ganzen und verwandelten sich in autonome Einzelformen. Die Welt glänzte und war so reich an Kleinigkeiten, die nur darauf warteten, ins Licht zu treten. Lange hielt er den Rauch in seinen Lungen und ganz allmählich entglitt er diesen wieder. Vollends ergriffen, reichte Shiva die Pfeife weiter und versank in den Weiten seines Ichs. Noch am selben Tage erkor er diesen, von nun an heiligen Ort als eine Oase der Inspiration und des Friedens. Kein Krieg und keine Gesetze sollten dieses Land verändern oder zerstören. Sooft Shiva es in seinem Terminplan einrichten konnte, besuchte er diesen Ort des Friedens und der Entdeckungen. Nur leider viel zu selten, wie er fand.

Ohne dass er es wusste, wurde sein kleines Paradies von einigen Göttern mit Argwohn betrachtet und sie beriefen den großen Götterrat ein. Eine Art Untersuchungskommission wurde eingesetzt, um Shivas kleines Erdenglück zu inspizieren. Vorbei war das entspannte Pfeiferauchen. Vorbei das mit unendlichen Gedanken erfüllte Herumsitzen, der Disput mit den ansässigen Menschen, das Erkunden der Seele und des eigenen Ichs. All dies sollte nicht mehr sein, wenn es nach dem Willen einiger Götter ging. Die Götterpolizei durchforstete sein Heim nach dem magischen Kraut. Spürhunde sollten den Weg zum Feld der Zucht zurückverfolgen. Und alles, weil irgendwer der Meinung war, Shiva eines nicht begangenen Verbrechens wegen überführen zu müssen. Die magere Ausbeute wurde dem Gericht als Beweisstück vorgelegt und ein engstirniger Staatsanwalt bereitete dem Glück ein jähes Ende. So wurde verboten, was nicht hätte verboten werden sollen. Vieles, was einst war, gab es nicht mehr. Tatsachen wurden zu Legenden und Legenden wurden zu Mythen. Man flüsterte sie von Generation zu Generation weiter und mit jedem Glied wurden sie mystischer und mächtiger. Noch heute suchen viele Menschen diesen Berg samt des magischen Krauts, aber wahrscheinlich hat Shiva längst alles aufgeraucht. Na, wer würde ihm das nicht verzeihen?

Überrascht und gefesselt von der Geschichte, bekam ich überhaupt nicht mit, dass mein Guide Ganja herbeigezaubert hatte. Kaum war das letzte Wort, quasi als Einführung, ausgesprochen, als er auch schon den ersten Zug inhalierte. Er schloss die Augen und sog den Rauch tief in seine Lungen. Andächtig behielt er ihn in sich, damit auch das hinterste Kapitelchen etwas davon hatte. Erst als der Körper nach Sauerstoff schrie, ließ er den leeren Rauch entweichen und öffnete die Augen. Es geschah, was in einem solchen Fall immer geschieht. Zwei Stunden später lag ich im Pool, drei Etagen tiefer, auf einem alten Autoreifen im tagwarmen Wasser. Wahrscheinlich war es der einzige in ganz Indien, denn ich hatte noch keinen weiteren gesehen. Nun lag ich also auf einem Autoreifen, ließ die Beine ins Wasser hängen und zählte die Sterne. Es war mild und ein laues Lüftchen spielte mit den Überbleibseln unserer Herkunft, den Körperhaaren.

Es ist angenehm, wenn Wasser- und Lufttemperatur über dreißig Grad liegen. Der feine Wind trug auch die Schallwellen eines nahen Tempels mit sich. Mal leiser, mal lauter, wie es ihm gefiel, klopfte er mit jeder einzelnen Schwingung an meinem Trommelfell an und bat um Einlass. Note um Note wurde aufgenommen und durch einen komplizierten Mechanismus in Energieimpulse umgewandelt. Korrekterweise muss ich hinzufügen, in elektrische Energie. Erst jetzt konnte mein Gehirn verstehen und ich hätte eventuell reagieren können. Tat ich aber nicht. Ich sah mehr oder weniger tatenlos diesem neuen Input zu und beschäftigte mich lieber mit mir selbst. Ich blieb dem Geist des Momentes verhaftet und versank filterlos in den Schwingen meiner Sinne. Was sich vor Kurzem noch in eine Dreidimensionalität aufspaltete, war jetzt irgendwie alles eins. Kein Raum mehr. Keine Zeit – nichts, was sich irgendwie hätte unterscheiden lassen. Alles zerfloss in sich und mein Gehirn gab den krampfhaften Versuch auf, die Gesetze der Physik einzuhalten, es ließ den Dingen einfach freien Lauf. Dem Wasser, das zum Medium wurde, auf dem ich schwebte, dem Tempelgesang, dem Lufthauch, den meine Lungen einsaugten. Jeder Moment wurde erlebt, in die aktuell geltenden Gesetze transferiert, gefühlt und genossen. Zeit und Probleme wurden relativ und waren einfach banal. Für Außenstehende, die keinen Einblick in dieses überdimensionale Universum hatten, mochte es gelangweilt aussehen, wie ich da vollkommen bewegungslos auf einem Autoreifen lag. Ich lauschte dem unmittelbaren Moment und wartete gleichzeitig auf das Kommende. Hier passte endlich das vedische Wort *Ananda*, wie es besser nicht passen konnte. Glückseligkeit – mehr Worte waren nicht nötig.

Idealerweise geht man davon aus, dass auch weiterhin alles in Harmonie geschieht und ignoriert somit jede Veränderung. So beachtete ich auch den nahenden, planschenden Spanier nicht weiter. Schon hatte ich ihn aus meinem Universum entfernt, als plötzlich irgendetwas an meinem Gesicht klebte. Ich wusste nicht, wie viele Zeiteinheiten später mein Gehirn mich veranlasste, dem nachzugehen. Langwierige Analysen führten zu dem Schluss, dass es sich nur um Wasser handelte. Aber wo kam das her? Langsam erwachte der Geist und die harmonisch schwingende, unendliche Zufriedenheit zerbröckelte. Ein Punkt für Punkt sich zusammensetzender Gedanke breitete sich aus: Du dummes, beklopptes Arschloch von Spanier! Den hatte ich doch glatt vergessen. Es schien, als sei er in den Pool gesprungen. Warum tat er das? Ich war der Ansicht, dass er mich hätte sehen müssen, wie ich hier so ganz entspannt lag. Da konnte er doch nicht einfach in mein Medium springen – ohne Rücksicht!

Aus der Traum … Man war zwar immer noch gut im Rennen, aber die Realität lärmender, besoffener Idioten ließ den Frieden nicht zur Wirklichkeit heranwachsen. Mensch, hätte der nicht die Zeit abwarten können? Und dann gleich mit aller Macht. Ich flehte im Nachhinein um eine Ankündigung, damit ich mich auf die kommenden Ereignisse hätte vorbereiten können. Ich konnte den Schrecken doch nicht so schnell verarbeiten! Ein bisschen mehr Rücksicht auf meinen Zustand, das war wohl nicht zu viel verlangt.

Na ja, was geschehen war, ließ sich nicht mehr ändern, also versuchte ich erst einmal, das Gleichgewicht auf dem Wellenozean zu behalten. Gar nicht so einfach. Der komische Spanier war nämlich recht beleibt. Und Fett erzeugt viel Volumen und viel Volumen verdrängt viel Wasser und das mündet in großen Wellen. Resigniert gab ich den Kampf auf und plumpste ins Wasser.

So schnell wie diese Erschütterung meiner Harmonie über mich gekommen war, so schnell war sie auch wieder auf und davon. Dummerweise hatte sie im Schlepptau auch meine Harmonie mitgenommen. Schön für den, der sie finden sollte, vielleicht reanimiert er sie. Wenn nicht, schwirrt sie jetzt irgendwo herum …

NANDA, DER BARBIER

Eine indische Rasur

»Hey Mister, you must shave your beard! Please, follow me.«

Nun – dachte ich bei mir: Erstens habe ich keinen Bart, höchstens ein paar Stoppeln und zweitens ... Doch dazu kam ich nicht. Er griff schon nach meinem linken Arm und somit schien das Geschäft für ihn beschlossene Sache zu sein. Todesmutig setzte ich mich auf einen klapprigen Holzstuhl.

»Stopp!« – auf diese Weise ging das gar nicht – beendete ich erst einmal seinen Tatendrang. Ich erklärte ihm, dass er meine Antwort auf seine Frage abwarten müsse und mich nicht einfach zu etwas zwingen könne. Weiterhin würde mich der Preis interessieren und was er denn genau tun wolle. Er machte einen Kniefall und entschuldigte sich herzzerreißend. Er habe mich so unrasiert umherlaufen sehen und heute sei doch der große Tag des Gottes keine Ahnung wer (ich konnte mir den Namen nicht merken, bestimmt eine der Millionen Inkarnationen von Shiva, Brahma oder Vishnu) und zu Ehren dieses Gottes müsse er heute einen fremden Menschen reinigen. Da er Barbier sei, könne er das nun über die Rasur der Barthaare tun. Und der Auserwählte sei ich. Ich müsse mich daher unbedingt von ihm rasieren lassen. Damit würde ich eine gute Tat vollbringen und einen großen Schritt für meine nächste Reinkarnation machen und er ebenso. Während er mir das alles erzählte, fragte ich mich, ob ich in einem meiner vorigen Leben ein indischer König gewesen war oder etwas Ähnliches. Noch nie ist jemand vor mir auf die Knie gefallen.

»Okay, that's okay, you can do it.« – Wir wollten doch in dieser heiligen Stadt keine Götter verärgern! Ich bekam ein Tuch um den Hals gelegt und er seifte mich ein. Während er das tat, erzählte er, dass er heute morgen extra alle seine Werkzeuge und auch das Wasser von einem Priester hatte segnen lassen. Ich zuckte zurück, er beruhigte mich jedoch, es sei mit Sicherheit gesegnet und daher könne mir nichts passieren. Auch sei es kein Fluss- oder Pfützenwasser. Glück gehabt, man weiß ja nie. Als er dann das lange Rasiermesser an seinem Leder wetzte und es mir an den Hals setzte, wollte ich schon wieder diesen Tag verfluchen, dachte an letzte Worte und dann war es schon geschehen. Die ersten Haare klebten, vermischt mit Rasierschaum, am Messer. Ich brauchte mir keine Sorgen zu machen, er führte es tatsächlich sicher. Kein Tropfen Blut. Nach wenigen Minuten war alles vorüber. Noch eine kurze Gesichtsmassage mit irgendwelchen Ölen und ich war fortan ein Heiliger mit gereinigtem Gesicht. Er verbeugte sich nochmals vor mir und ich glaube, derartig glatt war meine Gesichtshaut nicht mehr, seit ich ein Baby war. So, kommt her, ihr schönen Inderinnen, ich bin gereinigt, gesalbt und damit heilig.

SONNTAGMORGENRUHE

in der Tropensonne Südindiens

Die soll es angeblich auch in Indien geben. Angeblich, der Meinung war ich bis dato. Nun liegt sie aber zerquatscht am Boden. Eine klassische »Zottelzecke« erzählte, neben mir stehend, völlig ungefragt eine bekiffte Geschichte über ihren gestrigen Ausflug mit was weiß ich und wem weiß ich. Schön für sie. Das war es dann auch mit der Sonntagmorgenruhe.

Wie ich sie hasse! Diese verlausten, verzottelten, in ihre schrillbunten Batikbettlaken gewickelten, ungewaschenen Körper. Hilfe! Ja, das sind die klassischen »Never-come-back-Langzeitreisenden« mit ihren speckigen Sachen, jeder Menge Kettchen, Talismännern und -frauen um den Hals, an den Armen, Handgelenken und Füßen, hennabesudelt, gesichtsgepierct, das Ganze gekrönt von einem Potpourri aus Haaren, Dreck und Läusen, den sogenannten Dreadlocks. Als sei das nicht schon schlimm genug, quatschen die einen einfach überall hemmungslos an. Einfach so, ohne ein einziges Mal darüber nachzudenken, ob man das möchte. Gleich mal die Anti-Malaria-Tabletten eingenommen, vielleicht halfen die auch gegen so etwas.

Es war wirklich Sonntag und ich war mit einem der ersten Boote durch das Hafenbecken zum alten Fort von Kochi gefahren. Vorbei an alten portugiesischen Villen, Frachtschiffen, vollbeladen mit Kokosnüssen, durch die Lagune mit palmenbewachsenen Inseln. Dorthin, wo 1502 Vasco da Gama landete und den Weg von Europa ebnete – Fort Kochi. Es lag noch ganz verschlafen da und ließ sich auch von mir nicht wirklich wecken. Nicht einmal die Hunde wollten an diesem Morgen ihre Köpfe vom Straßenbelag heben. Die Gassen so eng wie bei seiner Erbauung; seitdem hat sich hier nicht sehr viel getan. Es sah fast noch genauso aus, nur alles etwas verfallener. Fünfhundert Jahre Monsun sind eben kein Pappenstiel. Enge Gassen, dazwischen ein paar stinkende Kanäle, ein Judenviertel mit der ältesten Synagoge Asiens, viele Kirchen und einfach eine unglaubliche, göttliche Ruhe. Am Strand fischten noch immer die Fischer mit ihren, vom Hofe Kublai Khans aus China abgekupferten Netzen und wer wollte, konnte den fangfrischen Fisch gleich zum Frühstück verspeisen. Wenn man es sich aber etwas genauer betrachtete, das Wasser, den Strand, dann überlegte man sich das sehr genau. Besonders, da gleich nebenan die Reste des morgendlichen Schlachtfestes im Meer entsorgt wurden. Soll die Fische anlocken – angeblich. Egal. Die Harmonie störte es jedenfalls nicht sonderlich.

So stiefelte ich, in völliger Ruhe, durch die jahrhundertealten Gassen und kam gerade rechtzeitig zum Sonntagmorgengottesdienst in der verwahrlosten St. Francis Church an. Der ehemals weiße Putz bröckelte schon recht deutlich von diesem vierhundert Jahre alten Gemäuer, schön sah die Kirche auch nicht gerade aus, aber warum nicht einmal in Indien einen katholisch-portugiesischen Gottesdienst besuchen? Normalerweise mache ich dergleichen nie in Deutschland, weil ich kein Christ bin und in der Regel sonntags um diese Uhrzeit schlafe. Aber da ich nun schon einmal hier war, warum nicht, dachte ich mir so.

Es ist schon erstaunlich, wie diese ehemaligen Heiden mit Inbrunst ihren Glauben zelebrieren. Hier eine Lichterkette um die Maria, dort ein paar Lämpchen am Jesu. Dazu ein Mix von Sprachen, bestehend aus Portugiesisch, Latein und Malayalam, der regionalen Landessprache. Leider sprach ich von allem kein Wort, aber die Lieder kamen mir irgendwie bekannt vor. Lohnenswert war ein gründlicher Blick auf den Kirchenfußboden. Nicht nur, dass hier der Grabstein des guten alten Vasco liegt, nein, es reiht sich eine bekritzelte Steinplatte an die andere. Alle mit verblassten Hinweisen auf verschiedene Portugiesen und Holländer, ihre Lebensdaten und andere nicht identifizierbare Dinge. Die Geschichte von vierhundert Jahren, damit schafft man es auch, den kompletten Fußboden einer Kirche zu bepflastern. Apropos

Grabplatte: Natürlich ist die Bodenabdeckung mit den Insignien Vasco Da Gamas, welcher hier am ersten Weihnachtsfeiertag 1524 verstarb, die schönste und prächtigste von allen. Man darf nicht untertreiben. Diese Grabplatte ist dem Entdecker des Seeweges nach Indien sehr würdig. Dem Helden, der Portugal zur Weltmacht verhalf und uns den weltbesten Pfeffer und Zimt und die Muskatnuss brachte. Natürlich ist sie es nicht! Eine kaum lesbare, vergammelte Grabplatte am Ende der Welt, mehr ist von ihm hier nicht zu sehen. Korrekterweise muss man ergänzen, dass die Portugiesen ihn auch schon längst heim nach Lissabon gebracht haben – also kein Vasco in Indien. War ihnen wohl zu schade, ihren Vasco so einfach in der pampigen Monsunerde in Südindien in einer einsturzgefährdeten Kirche vergammeln zu lassen.

Ernüchtert und verwirrt irrte ich nach dieser Erfahrung im Fort Kochi umher und kehrte in das hochgepriesene Kashi Art Café ein, um einen Sonntagsmorgentee zur Konsolidierung meiner Gedanken zu trinken. Dieser Tee sollte mich dann gleich in die Sonntagmittagsruhe überführen – erhoffte ich mir jedenfalls. Aber kaum war ich drin – Hilfe! Wo kamen nur plötzlich die vielen Touristen und »Zottelzecken« her? Unglaublich. War die Welt soeben noch in Ordnung gewesen, so war sie nach dem Betreten des gemütlichen, leicht verwinkelten Innenhofes im Eimer. Alles voller dicker, bekloppter Urlauber. Da saß nun das Gesindel vor mir und jeder quatschte dem Nachbarn die Ohren voll. Ob Geografie studierender Normalo-zwei-Monats-Sommerferiensemester-Traveller oder die bereits erwähnten »Zottelzecken«, jeder wollte den anderen mit irgendetwas, für mich nicht Greifbarem oder Vorstellbarem, übertrumpfen. Wie toll das sei oder jenes oder dass er hier sein dürfe. Völlig entspannt natürlich. Verwunderlich, dass nirgendwo eine Chillum in Betrieb war. Und schade.

Warum ich den Ort nicht gleich wieder verlassen habe, weiß ich bis heute nicht. Vielleicht lag es an der »Cafe del

Mar Vol. 9«-CD, die gerade lief. Auf jeden Fall bestellte ich einen Tee und dazu einen absolut leckeren, ofenwarmen, watteähnlichen Schokoladenkuchen. Das Ganze war zwar, wie nicht anders zu erwarten, superteuer, aber an einem wunderprächtigen Sonntagmorgen kann man sich schon mal etwas gönnen. Der Rest ist Geschichte.

Kollam kandal illam venda – Auf das Weltkulturerbe der Menschheit! Auf God's own country!

GOA VELHA

Mit Hippies auf Tuchfühlung

Glänzende Herrscherin des Orients, Bastion Bom Jesu, Schatztruhe Portugals. Goldenes Goa, im glänzenden, märchenhaften, fernen Indien, wo noch immer die Milch vom Berge Meru fließt. Das ist lang her. Tropische Feuchtigkeit und die Natur triumphieren heute über die in Vergessenheit geratene, stolze Pracht Alt-Goas. Die Stadt gibt es nicht mehr. Vergangen, verfallen. Ein paar Kirchen dienen als Museen oder Wallfahrtsstätten – doch sie erinnern an eine andere, verlorene Zeit. Das Zeitalter des blühenden Goas. Eine Bastion, ein Bollwerk des alten Kontinents Europa. Reich durch den blühenden Seehandel mit Gewürzen und Hölzern. Größer und reicher als alle ihre alten Konkurrenten. Das Herz Europas in einem fernen mystischen Land. Doch so lang diese Zeiten vergessen sind, so sichtbar ist noch immer der Glaube an den Gott aus dem fernen Westen, denn dieser ist hier heute noch ungebrochen.

Nun war es endlich so weit, ich verirrte mich dorthin. Nun ja, Goa. Was soll ich sagen? Goa Velha tat es für den Anfang auch erstmal. Bevor ich aber weitererzähle, klappst du am besten das große »Habe-ich-schon-gehört«- oder »Habe-ich-schon-gelesen«-Buch zu und bist ganz objektiv. Okay?

Goa ist Scheiße! Ja, richtig. Warum sollte es hier sauberer sein als woanders? Das ganze Land ist ja ein einziger Dreckhaufen und dieser Landesteil ist von mir aus ein etwas kleinerer, aber ist eben auch einer. Ich meine, den Platz haben irgendwann die Portugiesen und später dann die Hippies und Blumenkinder in ihrem Drogenrausch wiedergefunden. Kann da etwas Gutes dabei herauskommen? So vollgeknallt, wie die waren, hätten die jedem Dreckhaufen noch ihren Shanthi-Segen gegeben. Ich hasse Goa für das, was es ist. Aber ich liebe Goa für das, was es nicht ist. Ja, man kann

sich schon auf dem Boden legen und den traumweißen Koks, äh, Kokospalmenstrand küssen und den Portugiesen dafür unendlich dankbar sein, dass sie diesen Fleck Erde entdeckt haben. Ja, ich danke, dass ich hier sein durfte. Ich danke dem guten, alten Vasco Da Gama für diese Entdeckung und sein Schaffen im guten, alten, goldenen Goa. Der reichsten Stadt weit und breit. Ich danke dem Irrsinn der Illusion, der wie Sand durch meine Hände rieselte, das Gehirn sprachlos machte und den Geist in Faulheit verfallen ließ. Ich war einfach dankbar, hier sein zu dürfen. Wenn nicht hier, wo sonst kann man sonst endlich seine Anandamide aus der Versenkung holen und den Körper so richtig in einen Vollrausch versetzen? All die ganzen Drogen kommen doch hier erst richtig zur Wirkung. Endlich! Ja, Goa war doch so anders als das, was man sich so in seinem Geist ausgemalt hatte. Man musste es nur wirken lassen. Es war nicht mehr viel von der schönen, alten Stadt übrig, aber man konnte einfach nett relaxen, sich fallen lassen und Krishna danken. Dem danken nämlich hier alle für alles. Egal, was man macht oder auch nicht, ein nettes *Namaste Krishna* und die Welt ist glücklich. Wie die Zeiten sich ändern – früher war alles Bom Jesu, dann Shanthi und heute ist es Krishna.

Betrüblicherweise gab es etwas, das diese schöne Harmonie tötete und nichts mit Krishna zu tun haben wollte. Es ist ein Wort, ein gemeines Wort: Goa-Aufschlag. Es ist schon wie im Westen hier. Alles gleich mal doppelt so teuer. Egal, ob Taxi oder Henna. Schuld ist wie immer der gemeine, dicke, geldscheinwedelnde Pauschaltourist in seinem abscheulich bunten, indischem Hawaii-Hemd mit den riesigen Transpirationsmustern, den noch viel schlimmeren Shorts und den billig-schwulen Latschen. Die nicht bedeckten, verfetteten Hautstellen sind, wie nicht anders zu erwarten, knallrot und bei jeder Bewegung krönen die käseweißen, ungebräunten Hautränder das ganze Elend.

Natürlich dürfen bei dieser Auflistung unsere japanischen Freunde auf gar keinen Fall fehlen. Die waren zwar in der

Regel etwas brauner und nicht so behaart, traten dafür immer als quadrierte Klone auf und kauften alles für jeden Preis. Im Gegensatz zu den anderen Pauschaltouristen freuten die sich auch noch darüber und lächelten einen immer ganz begeistert an. Ich ließ mich aber davon überhaupt nicht stören, denn ich wusste, dass sich diese Wesen regelmäßig in die mit dicken, hohen, bewachten Wehrmauern umgebenen, hygienischen Touristengebäude zurückzogen. Für die Stunden, in denen sich die Tore öffneten und das ganze west-östliche Elend in das Paradies entließen, musste man einfach fliehen und den Geist ablenken.

Das klappte am besten mit einem treuen, trostspendenden Freund, auch Feni genannt. Dieses abscheuliche, nach Alkytharz-Verdünnung riechende und nach Gummikleber schmeckende Gesöff ließ jeden noch so dahergelaufenen Pauschaltouristen in einem ertragbaren Zustand erscheinen. So sehr man auf sein Leben bedacht sein mochte – war das Getränk erst einmal die Gurgel hinabgeflossen, konnte man sich ihm nicht entziehen. Und wenn es dann in der Speiseröhre angelangt war, dann verpissten sich selbst die Proteine und das Gehirn setzte sich nicht mehr mit fetten Pauschaltouristen und anderem Übel auseinander. Jeden Tag ein Vierfacher und die Welt ist nicht nur erträglicher, man bleibt auch gesund und munter – nein, man schläft wie Gott im Himmel unterm Moskitonetz. Dummerweise ist das Gebräu dermaßen billig, dass ich mir für schlappe fünfzig Euro prophylaktisch eine neue Leber gleich hätte dazukaufen müssen.

Ansonsten war es doch ganz nett hier. Ich meine, man musste eben einfach ganz locker sein und durfte sich nicht stressen lassen. War eigentlich gar nicht schwer. Die Antisonnenpampe einfach etwas dicker auf die Haut aufgetragen, den Strandmädels den Arm ausgestreckt, damit sie alles mit Henna bepinseln konnten und dann doch nur fünfzig Rupien, statt fünfhundert für die schlampige Arbeit bekamen. Zuhören, lächeln, immer nicken und die Welt konnte sehr schön sein. Den Pauschaltouristen immer nett zurückgrüßen, ihn in einem Anflug sozialen Engagements von seiner Unwissenheit befreien, den »Zottelzecken« lässig ein *Krishna* zuwerfen und niemals den Eindruck von Stress vermitteln. Irgendwann lässt einen jeder in Ruhe und man kann machen, was man will. Nur sollte das Höschen immer die Hüften bedecken. Das käme auch so relaxed nicht gut. Umwerfend einfach konnte das Leben sein, wenn man nicht noch ein bisschen cooler sein wollte.

Ja richtig, es gab das obligatorische i-Tüpfelchen einer entspannten Goa-Woche. Eine Tuck-Tuck-Fahrt auf dem staubigen Strandpromenaden-Feldweg mit einer supermodernen Bassrolle. Diese kleinen, klapprigen Dreiräder mit Dach und Zwei-Komma-drei-Pferdestärken-Trabi-Motoren inklusive des stinkenden Geruchs haben tatsächlich Platz für eine fette Bassrolle. Beziehungsweise selbst gebastelte Beschallungsvorrichtungen, die noch tödlicher sind als Feni. Wenn dann noch die obligatorische Lichterkette rhythmisch dazu im Takt schwang, war die Welt in good old Goa wieder einmal in Ordnung. Dann war es auch völlig egal, ob der total übersteuerte Bombay-Sound einem den letzten Rest Leben aus dem Körper dröhnte, denn mit dem Vehikel und einem kühlen Kingfisher-Beer war man der unerreichbar coolste Nicht-Tourist zwischen Palolem und Anjuna.

Na ja, okay – so ganz fallen lassen konnte man sich nun auch wieder nicht. Sonst bekam man noch blutige Knie und Ellenbogen und sah genauso aus wie die »Zottelzecken«. Obwohl ich mich durch diese Wesen eigentlich nicht mehr stressen lassen wollte, muss ich sie hier abermals kurz erwähnen. Sie gaben schon ein trauriges Bild ab. Leicht in die Jahre gekommen, mit Bauchwulst, Hängebrust und anderen Hautverfaltungen, leben sie irgendwie noch immer in der Blumen- und Bienenzeit.

Auch Jüngere gesellten sich dazu. Schon zum Aufstehen einen Guten-Morgen-Joint, das Batiktuch am Strand ausgebreitet und auf die Erkenntnis wartend oder auf die nächste allabendliche Technoparty im Goa-Sound. Aber wehe, man nahm ihnen ihren reservierten Batiktuchplatz weg. Dann gab's Krieg! Ich meine, da haben sie ihr ganzes Geld zusammengespart, um einmal nach Goa zu fahren, das Zerrbild der Illusion zu erleben, um richtig mal sie selbst sein zu können und was haben sie davon? Warum sagt denen beim Abflug keiner, dass doch alles ganz anders ist und dass sie sich von dem gespartem Geld lieber etwas Nettes zum Anziehen kaufen sollten, als in Goa der Vergangenheit nachzutrauern? Aber wenn sie nicht da wären, würde wiederum etwas fehlen und der Eindruck von Goa wäre verfälscht – also doch lieber die Pauschaltouristen nach Hause schicken.

Aber noch etwas war im guten Old Goa anders. Es war der Tee. Mal ganz abgesehen davon, dass auch hier der übliche Goa-Aufschlag zu Buche schlug, war es die Tüte. Die Verpackung, das Drumherum um den Inhalt. Das war gar nicht Shanthi, völlig unkrishna. Schlecht verarbeitet und schlecht im Geschmack. Billiger Abfallteestaub, eingehüllt in eine nichtssagende Tüte. Keine Milch, billiges Wasser und keine Gewürze. Das war schon eine Beleidigung für das Land des Tees! Dergleichen konnte man von mir aus den Vierzehn-Tage-Pauschaltouristen oder den sowieso ständig bekifften »Zottelzecken« anbieten, aber doch nicht mir! Dem, der live gesehen hat, was aus der Teemaschine unten herausfällt und dann in Europa als Tütentee verkauft wird. Aber in meiner näheren Umgebung war sowieso jeder im Tee, sodass die Missstände niemandem auffielen. Und jeder grölte es heraus, schrie es umher – es interessierte bloß keinen. Hier ließ jeder jedem seine Tüte, ob er sie ins Wasser steckte und die Essenzen trank, inhalierte oder verdaute – wen interessierte das bei dieser traumhaften Kulisse? Das fand ich gut. Schon verrückt für einen gewöhnlichen, unwissenden Pauschaltouristen, der sich in dieses idyllische Strandcafé, nur wenige Meter vom seichten, azurfarbenen, warmen Meer entfernt, verirrte und verkrampft seinen beschissenen Tütenwassertee trank. Da saß ich doch lieber ganz entspannt in einer Ecke, unter den ganzen Kokspalmen auf kokosweißem Strand, rührte ganz gemütlich mit meinem Löffel im trüben Teewasser und ließ die Tüte Tüte sein. Wer weiß, welche Tüten mir in der jungen Nacht noch serviert werden würden …

Auf nach Goa! Auf zu Dingen, die sowieso nicht existent sind!

THE HIGH RANGE CLUB

Monsun im Dekkan-Gebirge

Es regnete. Das tat es schon den lieben langen Tag. Ich stand am Fenster meines Hotelzimmers und sah gedankenverloren durch die nasse Fensterscheibe. Es blieb mir wohl nichts anderes übrig, als in das hoteleigene Restaurant zu gehen und ein Tässchen Tee zu trinken. Ich hob den Telefonhörer ab und bestellte ein Kännchen.

Die Dielen knarrten bei jedem Schritt und der Schall verflog in den endlosen Gängen, trotz der ausgelegten, abgelaufenen Perserteppiche. Ich war allein im Hotel. Kein weiterer Gast in Sicht- und Hörweite. So sehr ich meine Ohren auch zu spitzen versuchte, außer dem zehnjährigen, nepalesischen Küchenjungen hörte ich keinen Laut. Auslastung also nahe null Prozent. Trotzdem gab es reichlich Personal. Zwei an der Rezeption, drei in der Küche, einen Ober und mindestens zehn Putzen. Mich bewirteten also zirka sechszehn Personen.

Kaum im Restaurant angekommen, stand mein Ober, der nepalesische Junge, mit einem silbernen Tablett in der Hand vor mir. Milchiger Tee, leicht nach Ingwer, Pfeffer, Zimt und Kardamom schmeckend, klassisch südindisch eben. Dazu ein paar Kekse und eine total verklebte Zuckerdose. Ich versank in dem durchgesessenen Plüschsessel und blickte aus dem Verandafenster direkt vor mir. Wie eine endlose Perlenkette tröpfelten die Regentropfen vom Blechvordach auf die rotbraune Erde und bildeten einen riesigen See. Dahinter fiel das Gelände ab und ich konnte im Regengrau die weiten Teeplantagen erkennen. Normalerweise würde ich von hier das ganze Tal überblicken können, mit den umliegenden Bergspitzen, aber die hüllte der Monsun ein. Schade. Es war trotzdem pure Entspannung. Stundenlang in einem angestaubten Kolonialhotel zu sitzen und dem Regen zuzusehen, wie er aus den Wolken auf die Erde fiel. Zwischendurch ein paar Runden durch den Raum schlendern, die monsungeschwängerte, nach Mottenfraß und Moder riechende Luft einatmen und Bilder von besseren Tagen an den Wänden betrachten. Feine Jagdgesellschaften mit ihren Trophäen, elegante englische Frauenzimmer, opulente Mahlzeiten und smarte Offiziere. Es schien, als würde alles hier eine Geschichte aus längst verblassten Tagen erzählen. Verflossene Kolonialpracht – seit den Anfängen des zwanzigsten Jahrhundert hatte sich nicht mehr viel verändert. Dunkle, große Räume, abgetretene Teppiche, übertünchte Wände, speckig und überladen mit unzähligen Dingen. Rattanmöbel, notdürftig geflickt mit Isolierdraht, durchgelegene Betten, klamme Bettwäsche mit Fraßlöchern und ausgefransten Ecken und ein verstimmter Flügel. Leider kann ich kein Klavier spielen. Es hätte in diese zeitlos gepflegte Melancholie gepasst. Irgendwas Klassisches. Ich glaube, dann wären mir vor Zufriedenheit die Tränen gekommen. Sprichwörtlich *Ananda* in reinster Form, endlich hatte ich sie und diesmal pflegte ich meinen melancholischen Anfall!

Zur Abwechslung durchstreifte ich die unzähligen Bücherregale und schwelgte in den zehn Jahre alten, indischen Zeitschriften und halb verfallenen, noch älteren Büchern. Ich erfuhr aus dem Gästebuch, dass Frau Muschel aus Deutschland hier 1993 Weihnachten verbracht und sich super erholt hatte. Klar, die Luft im südlichen Dekkan-Gebirge auf eintausendfünfhundert Metern Höhe, wo ich mich eben befand, war rein und mit zunehmender Höhe sank die Temperatur. Daher hatte ich auch meinen Kuschelpullover an. Was fehlte, war ein Kamin, aber Derartiges kennen die Inder nicht.

Allem Unmut zum Trotz genoss ich die Ruhe, die Abgeschiedenheit, den sanften Monsun, den milchigen Tee, das schlechte Essen, die Möglichkeit, im Verandasessel einzuschlafen, ohne geweckt zu werden, die knarrenden Dielenböden, den ständige Modergeruch – die ewig bessere Vergangenheit. Am meisten jedoch genoss ich, mit der

Sonne ins Bett zu gehen und nach verregneten zwölf Stunden in einem jahrhundertealten, durchgevögelten, vom Holzwurm zerfressenen Bett unter verfilzten Decken aufzuwachen. Wer weiß, welche englische Lady hier um ihre Jungfräulichkeit gebracht wurde. Ob die Betten damals auch schon so laut waren? Das alles war Melancholie pur, wie man sie nur selten ausleben kann. Da störte es auch kaum, dass hier alles überteuert war.

Ewig lebe die Vergangenheit!

THE CAMEL DRIVERS

… sind »crazy« und das sagen sie selbst

Sie sind Nomaden und ihre Heimat ist die Wüste Thar im fernen Radjastan. Sie sind der Orient im Westen Indiens, der Atem der Vergangenheit. So oder ähnlich predigte es irgendeine Anzeige in einem Touristenblatt und wie immer war ich viel zu neugierig, um dort nicht nachzufragen.

Die Sonne lugte noch immer steil vom Himmel herab und ich stand abmarschbereit darunter. Es ging um ein paar Häuserecken und dort sah ich das Unheil schon vor mir. O ja, Scheiß-Viecher. Dieses Mal lässt du dir nicht wieder die Eier quetschen, so wie damals in Ägypten. War doch das blöde Kamel beim Aufstehen – was sie immer zuerst mit den Hinterbeinen machen – fast eingeschlafen und ich hing neunzig Grad vornüber im Sattel. Blöderweise hatte der Kamelsattel dort einen dicken, kaum gepolsterten Holzpflock, der mir alles zwischen den Beinen zerbröselte. Das tat nicht nur weh, das tat richtig weh. Und als sich das blöde Vieh endlich entschied, auch die Vorderbeine anzuheben, knallte ich mit aller Wucht gegen den analogen Rückenpflock.

Für Unerfahrene sollte ergänzend hinzugefügt werden, dass der gemeine Kamelsattel komplett anders aufgebaut ist als der Pferdesitz. Er ist vielmehr ein Holzgestell mit einem Knüppel vorn und einem hinten, zwischen denen der eigentliche Sitzplatz ist. An sich sitzt man ganz bequem darauf, da die Bewegungen des Kamels recht gemütlich sind. Doch je länger der Ritt dauert, umso mehr nerven diese Knüppel. Entweder sie stechen hinten in die Wirbelsäule oder vorn in die Weichteile.

Also, wie gesagt, das galt es diesmal zu verhindern und es gelang mir auch. Wie war das mit der Erfahrungskurve? Auch meine beiden Camel-Boys waren aufgesprungen und ab ging es, hinein in unbekanntes Wüstenland. Noch war ab und zu ein Strauch- oder Grasbüschel zu sehen, was mein Kamel immer als Futterquelle nutzte. Doch je weiter wir die besiedelte Welt hinter uns ließen, desto einsamer wurde es. Nur die herumliegenden Plastikflaschen, Ziegenexkremente und diversen Kuh- sowie Kamelskelette störten das Bild etwas.

Wie erwartet, konnte ich schon nach einer Viertelstunde nicht mehr sitzen. Alles klebte mir in allen Ritzen und die Sonne brannte erbarmungslos vom blauen Himmel herab. So turnte ich auf dem Sattel herum, mal nach links, mal nach rechts mit beiden Beinen, mal im Schneidersitz. Und einmal ließ ich das Zügelband fallen. Ups, das sollte man lieber nicht tun. Laut Theorie hätte dann jedenfalls das Kamel stehen bleiben müssen. Hätte – aber selbstverständlich nicht das Kamel, auf dem ich saß. Das Drecksvieh rannte los wie eine angestochene Sau. Egal was sich ihm entgegenstellte, es wurde umgerannt: Dornenbüsche, die mir meine Beine aufkratzten, Ziegen und Trappen, die eigentlich unter Naturschutz stehen. Einfach alles. Fuck, wie bekam ich das blöde Tier nur wieder zum Stehen? Natürlich hatten meine Guides die Verfolgung aufgenommen, aber der Abstand zu ihnen wurde nicht wirklich kleiner. Daher blieb mir nichts anderes übrig, als sitzen zu bleiben und »Stopp« oder »Fucking Camel« zu schreien, das Tier mit Beinen und Armen zu malträtieren und zu hoffen, dass es irgendwann schon keine Puste mehr haben würde, wovon momentan allerdings noch wenig zu spüren war.

Auf einmal blieb es stehen, wie nett, mein Magen allerdings polterte noch ein paar Kilometer weiter. Kaum hatten uns die Kameljungen erreicht, gab es dann reichlich Ärger. Sie schimpften mit Gift und Galle auf das Tier ein, schauten mich böse an und gaben mir die Leine zurück. Ich versprach, sie nie wieder fallen zu lassen und die Tour ging im gemütlichen Schaukelritt weiter. Landschaftlich verändert sich ja in der Wüste nicht so viel, aber es gab immer irgendetwas zu sehen und wenn es das Nichts war. Allein der bedächtige Rhythmus dieser Tiere schlug sich auf die Gedanken nieder.

Ich beschäftigte mich wieder einmal mit mir selbst und musste feststellen, dass meinem Darm das Geschaukel nicht so recht gefallen wollte. Er hielt meine Gesäßmuskulatur mächtig auf Trab.

Es schien so, als ob sich an diesem Tag nichts Umwerfendes mehr ereignen sollte. Falsch! Es sollte. Wir erreichten nämlich eine Siedlung und dort bekam ich Tee und ein paar Knabbereien. Nach einer Weile kam ein Hirtenjunge, der mich aufforderte, ihm zu folgen. Wir gingen in eine einfache Hütte und ich traute meinen Augen nicht. Eine illegale Schnapsbrennerei – cool!

Als alter Chemiker musste ich natürlich alles sofort inspizieren. Na ja, viel war es nicht. Ein großer Kessel und ein langes Rohr mit vielen Windungen und das war's auch schon, grob gesagt. Hier wurde also »The Wine of the Desert« hergestellt. Das, wovon alle immer so geheimnisvoll sprachen. Zu Deutsch: Schnaps aus keine Ahnung was. Agaven angeblich, nur gesehen habe ich keine – egal, denn ich hatte schon ein Glas in der Hand und jetzt: »Hau weg die Kacke!« Hui, ich machte Luftsprünge, so hart war das Zeug. Das waren doch sicherlich über fünfzig Promille, noch schlimmer als Fennie aus Goa und das war schon der pure Tod. War aber summa summarum trotzdem gut, daher gab es gleich noch einen. Natürlich habe ich einen Liter von dem Gesöff mitgenommen, zu einem Einkaufspreis von zweihundert Rupien statt fünf Dollar, da musste man zugreifen. Meine Fantaflasche war zwar auch nicht die sauberste, aber über die Flasche, aus der der Stoff umgefüllt wurde, reden wir lieber nicht. Zum Glück wusste ich ja, dass Ethylalkohol, also der gemeine Alkohol, bei fünfzig Prozent alles tötet, was er umspülen kann, daher brauchte ich mir keine unnötigen Gedanken zu machen. Konnte es sein, dass ich besoffen war? Die Tour ging weiter, hinauf zu den Dünen, um den Sonnenuntergang zu erleben. Auf dem Weg dahin schnitten meine Driver urplötzlich ein sehr merkwürdiges Thema an.

»Hey Lars, sag mal, wie befriedigt man europäische Frauen so richtig?«

He, was, wie jetzt, was sollte die Frage, dachte ich mir so und fragte zurück:

»Wie meint ihr das? Sexuell oder wie?«

»Schon sexuell! Du musst nämlich wissen, dass die meisten europäischen Frauen, die bei uns eine mehrtägige Wüstentour buchen, eigentlich nur das Eine wollen. Und ich sage dir, die Europäerinnen brauchen es so richtig. Und da du nun mal ein Europäer bist, weißt du doch, was eure Frauen so wollen …«

Aha, daher wehte der Wind. Ich konnte nicht wirklich glauben, was da meine Ohren soeben vernommen hatten – aber selbst in der größten Lüge steckt immer ein Fünkchen Wahrheit.

»Das verstehe ich nicht«, entgegnete ich, »ihr habt doch die Kunst der Liebe quasi erfunden und nun wollt ihr mir weismachen, dass ihr nicht wisst, was man mit Frauen macht? Das kann ich nicht glauben!«

»Doch! Unsere Frauen sind aber Scheiße. Die arbeiten den ganzen Tag und wenn man einmal ran darf, dann ist es immer Standard. Sie unten, wir oben. Wo soll man da was lernen? Außerdem kommt morgen eine junge Italienerin und die hat gleich für drei Tage gebucht.«

Ich konnte mir ein Lächeln nicht verkneifen. So so, da kamen wir der Wahrheit also langsam näher. Na, da wollen wir unsere schüchternen Driver mal aufklären, dachte ich.

»Well. Bei den Italienerinnen müsst ihr ganz vorsichtig sein. Die sind sehr selbstbewusst – dafür aber der Hammer im Bett. Ganz viel Wert legen die auf Stil und Sauberkeit. Also, ihr solltet euch morgen ordentlich waschen, rasieren und euer bestes Parfüm auflegen. Weiterhin kommen Blumen immer gut. Den Rest wird sie euch schon beibringen!«

Das hätte ich nicht sagen sollen, denn nun gab's kein Halten mehr. Ich weiß nicht, was sich nun alles in ihren Köpfen abspielte – die arme Italienerin … Entschuldigung …

»Tja, wir haben kein Parfüm. Aber du hast doch bestimmt welches?«, kam selbstverständlich die Frage zurück.

»Hm, hier, ihr könnt meins haben. Axe Dimension, genau das richtige für eine heiße Affäre in einer lauen Wüstennacht.«

Laut Werbeaussagen müsste das stimmen. Somit hatte ich mein Transpirations- und Geruchsvernichtungsmittel verspielt und im weiteren Gespräch noch viel mehr. Ich ließ mich dazu überreden, meinen Drivern fünf Frauen zu besorgen, die fünf Tage mit ihnen auf Wüstentour gehen würden. Ich bekäme in dieser Zeit mein eigenes Kamel, mein Zelt, einen Diener und Essen. Natürlich ohne dafür auch nur eine Rupie zu zahlen. Wenn ich diesen Deal erfüllte, würden sie mich zum neuen Radja der Wüste Thar ernennen. Nun gut, wer also eine Idee hat, wie man das hinbekommen könnte, dem wäre ich sehr verbunden, wenn er es mich wissen ließe. Ich bin offen für alle Vorschläge, denn der Deal gilt ein Leben lang!

Die unglaubliche Abmachung noch immer im Kopf, saß ich nun auf einer riesigen Düne und wartete auf den Sonnenuntergang. Es war unheimlich still. Ich strich mit meinen Händen durch den Sand. Ließ ihn von der rechten in die linke Hand gleiten. Mal höher, mal tiefer, mal mehr, mal weniger – immer waren alle Körner gleich groß. Es war Wüstensand, jahrtausendealt und ehemaliger Grund eines prähistorischen Meeres, dessen Boden sich gehoben hatte, woraufhin das Wasser ablief, wenn es nicht schon vorher vertrocknet war. Zusammengetragen durch den Wind, liegt das Relikt dieses Meeres nun aufgeschüttet hier herum.

Okay, ich wusste das nicht. Ein Blick ins Internet hätte Abhilfe geschaffen, aber wo sollte ich hier ein Netzwerkkabel herbekommen? Per Satellit hätte es funktionieren müssen, hmm … Da war die Sonne weitaus realistischer. Noch immer erhellten ihre Strahlen das weite Wüstenland. So weit ich durch die stauberfüllte Luft sehen konnte, war da nichts als Wüste, Staub, Steine und Ruhe. Keine Veränderung, kein

Leben. Fast umhüllte einen der Hauch des Todes, der irgendwo da draußen wartete. War schon irgendwie erdrückend, diese Stille. Ich hoffte nur, meine verrückten Kamelführer kamen wieder, sonst hätte ich hier auf der Düne übernachten müssen und das wäre garantiert gefährlich gewesen, wegen der Kobras. Jedenfalls sagten sie mir, dass es hier welche geben sollte.

Vorerst ließ ich mich noch einmal auf den Rücken fallen, schaute in das blaue, unendliche Gewölbe über mir und nahm einen Schluck aus der Fantaflasche. Siehe da: Auch in Indien war die Venus immer die Erste am Abendhimmel. Zum ersten Mal dachte ich an den Stress der letzten Tage zurück, den endlosen Scheiß, den ich so verbockte und war gleichzeitig froh, dass es genauso lief. Logisch – sonst hätte ich ja nicht hier gesessen. Ich hatte zwar zweihundert Dollar Schulden bei meinem Guide, der mich durch Radjastan fuhr und ich war nun restlos pleite, hatte nur noch dieses kleine Plastikkärtchen bei mir, für das aber keine Bank Geld herausgeben wollte, doch diese negativen Schwingungen wollte ich nicht übermächtig werden lassen. Wenn man von diesen unwesentlichen Umständen absah, ging es mir gut und ich war auch mal ohne Anandamide glücksoptimal – was wollte ich mehr? Für den Rest würden sich Regelungen finden, aber nicht heute, dachte ich damals bei mir. Nun lag ich erst mal angesoffen auf der Düne und machte nichts, gar nichts.

VON DER PERLE AUF DER WANGE DER ZEIT

oder die Auserwählte des Palastes

Welch ein poetischer, schöner Spruch! Diese Perle gab es wirklich.

Ich stand inmitten einer paradiesischen Gartenanlage und blickte auf das wohl erhabenste, harmonischste Gebäude der Welt. Nüchtern betrachtet, nicht mehr als ein Mausoleum, gebaut für eine Frau, die bei der Geburt ihres siebzehnten Kindes starb. Poetisch betrachtet, war es das Taj Mahal. Da stand es vor mir und ich war fassungslos und konnte mich vor Sprachlosigkeit nicht bewegen, nachdem ich durch zwei Röntgenanlagen gelaufen war und zwanzig Dollar bezahlt hatte. Wie eine Wolke aus Glückseligkeit strahlte es in einem leuchtenden Marmorweiß am Ende der zu erfassenden Blickbahn und warf das Spiegelbild in die jungfräulichen Wasserbecken des das Bauwerk umgebenden Paradiesgartens. Ich musste mich erst einmal auf eine paradiesische Bank unter himmlischen Palmen setzen und meine Brille putzen. Wie ist es möglich, ein derartig perfektes Gebäude zu bauen? Hier war alles *Ananda*. Alles! Unglaublich. Nicht einmal die sonst obligatorischen Busladungen voller Touristen, keine nervenden Guides, nichts, was störte, wagte sich scheinbar in dieses wirkliche Paradies. Einfach nur ich und das Taj in seiner ganzen Schönheit. Ein unendlich perfekter Traum aus weißem Marmor bis in die kleinste Einlegearbeit, gekrönt von einer Kuppel, die sich wie eine erregte weibliche Brust dem Himmel entgegenstreckte.

Tänzelnd lief ich um die vielen kleinen Wasserbecken und konnte einfach nicht den Blick von diesem Gebäude lassen. So ging es mir noch etwa eine Stunde lang und ich suchte anschließend ein kleines Hotel mit einem Rooftop-Restaurant mit Taj-Blick zum Frühstücken auf. Dort lernte ich einen sehr liebenswürdigen, bübischen Franzosen kennen, der mir erzählte, dass er seit gestern astreine Diarrhö hatte, weil er hier ein Hühnchen verzehrt hatte. Dabei klappte mir der Kiefer herunter, weil ich gestern ebenfalls gepflegt Hühnchen gespeist hatte, was obendrein sehr lecker gewesen war. Wir stimmten uns kurz darüber ab, was wir beide noch in diesem Land vorhätten und fanden leider keine Gemeinsamkeiten. Schade. Dann warf ich einen letzten Blick auf das Taj und traf auf dem Rückweg zu meinem Hotel fünf Touristenbusse voller Japaner. Ich ging hoffnungsvoll davon aus, dass sie bei den Eintrittspreisen genauso beschissen wurden wie in Goa und den doppelten Preis zu zahlen hatten. Und ich freute mich darüber, jetzt nicht am Taj zu sein – das wäre die Katastrophe gewesen. Wenn ich später genügend Geld hätte, würde ich meiner Frau auch ein so schönes Grabmal erbauen lassen. Nur sechzehn Kinder wären wohl etwas übertrieben.

Es war schon unglaublich. Das Taj ohne Touristen zu erleben. Wer kann das schon von sich behaupten!

IM REICHE AMARAVATIS

liegt die Schönheit Indiens

An diesem Punkt muss ich einige Vorinformationen geben. Ich glaube, dass ich eine Erkenntnis erhielt. Lacht nicht! Ich will versuchen, es zu erklären: Wie das zauberhafte, wunderschön geschwungene Haar der Lakshmi liegt Varanasi, die ewige heilige Stadt des Amaravati, an den Ufern des Ganges. Legenden kreisen um ihre Entstehung, denn sie soll älter sein als die Geschichte, älter als die Tradition, geboren aus dem Göttlichen und dennoch lebendig wie ein Ameisenhaufen.

Kaum hat man die von Millionen verschiedener Düfte erfüllte Luft in den Lungen, kann man sich der Magie nicht mehr entziehen. Es ist der Charme des Widerspruches in sich selbst. Nicht, dass es hier sauberer oder zivilisierter wäre, nein, aber selbst der stinkendste Kuhfladen im tiefsten Dreckhaufen hat den Geruch einer für unseren europäischen Geist nicht greifbaren Mystik. Hat man bis jetzt den täglichen Informationsinput ohne eine Bewertungsmöglichkeit aufgenommen, so steht man hier plötzlich in der Tür, die so verschlossen schien – am Fluss Ganges.

Im Gegensatz zu der Enttäuschung, die das Land mir bis jetzt abverlangt hatte – trieb es mir angesichts der ersten Strahlen des lebensspendenden Lichtes über dem Ganges vor Sprachlosigkeit Tränen in die Augen. Und auch dem analytischsten Menschen wäre es so gegangen. Ich konnte es kaum fassen. Wie ein Jünger stand ich perplex wie noch nie in meinem Leben auf dem Hoteldach und versuchte, die ersten Sonnenstrahlen des auf der gegenüberliegenden Flussseite emporstrebenden Vishnus zu erhaschen. Wie schon vor dreitausend Jahren, zu der Zeit, aus der die frühesten Veden stammen, durchschreiten Uschas, die Göttin der Morgenröte und Vishnu den alltäglichen Schöpfungsmythos. Für den Inder ist in diesem Moment der Gott Vishnu, der

Erhalter der Welt, der Weltenheiler, getragen auf seinem magischen Vogel Garuda, derjenige, der jeden Morgen das kosmische Licht zu den Menschen bringt. Pilger steigen die unendlich vielen Stufen zum Wasser hinab, legen die Hände gegeneinander, heben sie dem Licht entgegen, neigen die Stirn und murmeln uralte Hymnen. »Ram, ram, ram!« Mutter Ganga, der Heilige Strom, erwacht und fließt blutrot zu Varanasis Füßen.

So erwachte täglich die Heilige Stadt als reales Ebenbild Lakshmis, Vishnus Gattin, mehr und mehr zum Leben und verlieh ganz nebenbei auch meinem Körper neue Kräfte, sodass ich, geblendet von ihrer Schönheit, meine Sonnenbrille aufsetzen musste. Alles um mich erstrahlte in einem Hauch von Gold und jedes noch so kleine Detail genoss den kurzen Moment, als sei es der letzte. Wie im Rausch wurde das Licht gefangen und veredelt wieder an die Umwelt entlassen. Waren noch vor wenigen Minuten die Stadt und der Fluss in der Finsternis begraben, so zeigte sich jetzt die erhabene, nicht in Worte zu fassende Schönheit. Ebenso verzaubert, vollzogen die Inder direkt vor meinem Hotel das Morgengebet, die *Puja*. Das kann man sich so vorstellen:

Sie begrüßen den neuen Tag mit einem ausgiebigen Bad und einer gründlichen Reinigung ihres Körpers sowie der Säuberung ihrer Kleidung. Dabei stehen die Männer bis zu den Knien im Wasser, bedeckt nur noch durch eine Feinrip-Unterhose, packen ihre Kernseife aus und nehmen eine gründliche Einseifung vor. Intensiv wird jedes erreichbare Körperteil gereinigt, die Haare ebenso, aber nie darf das Höschen einen Millimeter verrutschen. Nicht auszudenken, was dann passieren würde. Abschließend die Hände kurz falten, die Augen schließen, die heiligen Worte sprechen, tief einatmen und schon ist er abgetaucht.

Die Sekunden vergingen und noch immer konnte ich ihn nicht ausfindig machen. Er wäre nicht der Erste, den der Fluss nicht mehr zurückgibt. Doch dann tauchte er wieder auf – als ein neuer, reiner Mensch, befreit von allen Sünden.

Aber die Waschung war noch nicht zu Ende. Als Nächstes war die Kleidung an der Reihe. Sie wurde ebenfalls aufs Gründlichste mit Kernseife eingeweicht, um dann auf den Steinen sauber geschlagen zu werden. Danach noch ein paar Tropfen für die Beißerchen und das Bad war beendet. Der lokale Brahmane beobachtete das Prozedere argwöhnisch von seiner klapprigen Holzplattform aus, die von vier Säulen übereinandergestapelter Ziegelsteine getragen wurde. Die Beine gekreuzt, den Oberkörper aufgerichtet, in den Händen vor seinem dicken Bauch ausgebleichte Seiten heiliger Schriften, saß er da und bewegte zeitversunken die Lippen seines aschebedeckten Gesichtes. Seine Stirn zierten die leuchtend gelben Zeichen seines Meisters Shiva.

Noch etwas von dem morgendlichen Sonnengebet geblendet, spazierte ich am Fluss entlang. Vorbei an heiligen Brahmanen auf ihren wackligen Holzpodesten, sonnengeschützt durch bunte Schirme. Mit etwas Glück erlebte man sie auch im Disput mit ihren Jüngern. Wohlgenährt, mit gelbem Gewand und weißem Haar philosophierten sie im offenen Kreis – leider verstand man es nicht. Gleich daneben warfen Fischer ihre einfachen Netze aus und tausende Menschen reinigten ihre Körper mit dem heiligen Wasser. Völlig unbeobachtet schummelten sich immer wieder die Reste der Verbrennungsöfen vorbei und, als sei es das Normalste der Welt, ab und zu auch ein paar Teller der anliegenden Straßenküche, die einem ein so köstliches Mahl bereiten würde.

So wurde man beobachtet, beobachtete seinerseits und spürte, wie die Erhabenheit des Momentes den Körper durchflutete. Profane Dinge stiegen auf, Extreme verschwanden und der Blick richtete sich aufs Ganze. All diese, für sich autonomen Dinge vereinten sich im Wasser des Flusses zu goldenen Spiegelperlen, die das unschuldige Licht der aufgehenden Sonne direkt in meine Augen warfen, sodass ich mir wieder die Sonnenbrille aufsetzen musste. Der Fluss … Ich fühlte, bei ihm zu sein, aber ich wusste doch so unendlich wenig von ihm. Wie ein Blatt, das um sein

Überleben mit jeder noch so kleinen Welle kämpft, verstand ich nur den Mikrokosmos um mich herum. Das Ufer zog vorbei und kaum fing man an zu verstehen, spülte es einen in die Mündung der transzendenten Arme des Ozeans.

Wer ist man?

Wo kommt man her?

Wo geht man hin?

Mir geisterten diese Fragen im Gehirn herum. Wo man hingehen wird, zeigt die Zukunft. Wer man ist, erkennt man im Moment. Aber wo kommt man her? Wo sind die eigenen Wurzeln? In Europa – na klar. In einem viertausend Jahre währenden Kulturkreis – logisch. Nur, war das alles? Stand nicht viel mehr dahinter?

Auf einmal kam mir dieser Kulturkreis wie eine riesige, wehrhafte Mauer vor, die mich vollständig umgab. Alles Neue wurde an den Toren gründlich durchleuchtet und nur das für gut Befundene durchgelassen. Hinter den Mauern, in den Gassen und Straßen pulsierte die vermeintlich eigene Moral – die christliche Moral und Ethik, wie das Blut im eigenen Körper. Die Moral war so selbstverständlich da wie die Adern, ohne dass man sonderlich oft über sie nachdachte. Alles in einem und um einen war von diesen Adern durchzogen und mit der Schaltzentrale in Einklang gebracht.

Nun, ich bin kein gläubiger Mensch, aber ich denke, man ist, wo man herkommt. Ein Europäer, der seit seiner Geburt mit diesem Gedankengut aufgewachsen und verwurzelt ist. So war es, so ist es, so wird es immer sein! Egal, ob man ein Gläubiger ist oder nicht, die gesellschaftlichen Werte, Normen und Regeln sind fest in den Straßen und Mauern unserer Gesellschaft verankert. Solange man nicht über die schützenden Mauern hinausblickt, sind diese Einflüsse nicht oder kaum spürbar, aber trotzdem anwesend.

Nun stand ich aber draußen, in der großen, unbekannten Welt und sekündlich prasselten unverständliche Werte und Normen auf mich ein. Selbst die Sonne strahlte scheinbar anders als im fernen Europa. Realistisch gesehen, war natürlich alles gleich. Dieselbe Sonne, dieselbe Erde und dieselben Bewohner. Alles ist doch vom Grunde her gleich, nur anders zusammengesetzt. Das Einzige, was damit ein Problem hat, ist das von der anerzogenen Moral geprägte Gehirn. Ständig will es Unterschiede erkennen oder etwas als fremd und anders definieren. Zu Recht? Gute Frage – schwere Frage. Sind das nicht die Werte und Normen, die wir von unserer Gesellschaft anerzogen bekommen, also der Glaube und die Ansichten über die Dinge? Und was ist das letztendlich? Über Jahrhunderte gewachsene Strukturen, die so fest mit der Religion verwachsen sind, dass eine Trennung nicht mehr möglich ist. Bedeutet das nicht, dass die Erfindung der Religion, speziell des Christentums, verantwortlich ist für unser Unverständnis, unsere Beschränktheit und sogar für unsere Ablehnung Fremden gegenüber? Ist der gepriesene Glaube an das gemeinsame Eine hinderlich in der Summe? Ist nur alles das gut, was wir als gut empfinden? Wer anders denkt, ist entweder primitiv oder auf dem falschen Weg. Klingt irgendwie erschreckend. Doch etwas ist faul in diesem System.

Warum dachte ich überhaupt über so etwas nach? Warum saß ein Europäer, direkt vor mir, inmitten der Brahmanen und betete zu Göttern, die er nicht kannte? Doch nicht, weil er an das glaubt, was ihm anerzogen wurde. Warum wendet er sich wie so viele von dem heimatlichen Glauben ab, reißt die Mauern nieder, zerstört die Straßen seines Glaubens, rennt ziellos durch die Welt und fährt hierher oder, schlimmer noch, nach Goa?

Es kommt mir so vor, als würden manche Leute jede neue Glaubensrichtung wie eine schlechte Fastfood-Mahlzeit aufnehmen und sich dann wundern, dass sie fett, unausgeglichen und nicht wirklich satt werden. Irgendwie scheint es, als sei diese rastlose Suche ein tropfender Hahn an der Aorta, der kein Abstellglied besitzt. Mit jedem Tropfen Blut versickert ein Teil des Selbst im Sand der Wüste. Aber in jeder Wüste gibt es auch Wasser. Aber nur, wer am richtigen Ort nach diesem Wasser gräbt, wird fündig und erkennt. Sollte also der uns anerzogene Glaube der eigentliche Grund für unser Unverständnis für den Osten sein? Heißt das, dass er in Wirklichkeit gar nicht so fremd ist? Nur durch die seit Jahrhunderten und oftmals politisch missbrauchten, christlichen Ansichten haben wir also diese tiefe, innere Prägung? Ich kann diese Frage nicht beantworten – das kann nur jeder für sich selbst tun.

Je mehr ich darüber nachdachte, umso deutlicher formte sich vor meinem geistigen Auge ein reales Bild. Ich erkannte, dass ich alles nach diesen Werten beurteilte und nicht danach, wie etwas objektiv existiert. Nicht der Bettler auf seinen Krücken, dessen Leben so erbärmlich schien, war der zu Bemitleidende – nein, ich war es, der gerade die eigene Moralbrille abgenommen hatte. Die Ursachen liegen immer auch in jedem selbst. Doch sollte ich all diese, meine Vorstellungen und Ansichten über Bord werfen? Quasi das Haus, an dem ich schon seit meiner Geburt baue, zerstören und ein neues bauen – wie der Europäer direkt vor mir?

Die Antwort sollte nicht lange auf sich warten lassen. Ein Inder kreuzte meinen kleinen, inspirativen Platz direkt über dem Wasser. Noch immer verfolgte ich mit Hochspannung den betenden Europäer inmitten der Weisen und bekam plötzlich eine Frage gestellt:

»Warum kommt ihr von Gott gesegneten Wesen in meine Heimat, um dann eurem Gott so brutal ins Gesicht zu schlagen?«

Verbal derart vor den Kopf gestoßen, rang ich vergeblich nach Worten. Er schüttelte ungläubig den Kopf und meinte, dass er das nicht verstehe. Warum einen Glauben verlassen, der doch so viel Wissen, so viel Güte und Macht, wie Europa sie ausstrahlt, besitzt? Wie könnte denn dieser Glaube hier so viel Besseres geben? Ich sollte mich doch nur umsehen und die Armut und das Leiden wahrnehmen. War das die Suche wert, war das die vollendete Erlösung? Warum etwas zerstören, woran man seit seiner Geburt baute? Damit beraube man sich doch seiner gesamten Existenz und irre als Seelenloser im Nichts umher. Da könnte man sich doch gleich umbringen – die Wirkung wäre dieselbe. Ich sollte mir die ganzen Seelenlosen ansehen, die hierherkommen und denken, dass sie hier ihren Frieden finden. Alles Schwachsinn! Nichts fanden sie – erst recht nicht sich, in ihrem Inneren! Man könnte doch die Religion nicht wechseln wie die tägliche Kleidung!

Auf einmal schien die Sonne zum zweiten Mal die Erde zu erleuchten. Natürlich hatte er recht. Warum sollte ich das tun? Ist das persönliche Haus erst einmal zerstört, irrt man obdachlos umher. Die Flucht in östliche Werte oder in immer krassere Lebensansichten kann ein temporäres Bedürfnis stillen, aber sobald der Regen einsetzt, wird man nass ohne Dach und fängt an zu frösteln. So hüllt einen ein fremdartiger Glaube ein wie ein orientalischer Palast: prunkvoll mystisch, aber kaum greifbar. Erbaut auf exotischem Boden, durchtränkt mit fremden Blut, besungen von fremden Zungen. Ein Ergebnis fremder Kultur, deren Symbolik einem unbekannt ist und in der man friert und vereinsamt.

Noch immer leicht geblendet von dem Gewitter dieser bohrenden Gedanken, wurde die Zeit zur Ewigkeit, aber was bedeutete das schon – in der Ewigen Stadt?

MANIKARNIKA

Shivas Feuer

Noch immer war ich in der Ewigen Stadt. Ich lief abermals am Ufer entlang. Vorbei an Fischern, die ihren morgendlichen Fang verarbeiteten, an Wäschern, sich Waschenden, Badenden, tollenden Kindern, Brahmanen und deren Jüngern, an Händlern, Kühen, Schafen, Hunden, Tempeln, Palästen, Kloakenrinnen und alten, kranken, auf den Tod wartenden Menschen. Betende Frauen legten Blumenkränze ins Wasser und erhofften sich die Gunst der Göttin Ganga, dazwischen Sadhus, die bis auf ihre spärlich bedeckten Penisse nichts bei sich trugen und über allem das stahlharte Saphirblau des Himmelsgewölbes.

Kilometerweit reihte sich am Fluss Ghat an Ghat. Jährlich besuchten unzählige Pilger und Sterbende, im wahrsten Sinne des Wortes, die heiligen Badestätten. Die Zahl derer, die auf dem Weg hierher elend zugrunde gingen, liegt wohl um vieles höher. Stirbt man an diesem Ort, sagt man, seien alle Sünden getilgt und die Wiedergeburt in eine bessere Existenz sicher. Doch mein Weg ging weiter, denn das eigentliche Ziel lag noch in weiter Ferne – Manikarnika.

Bevor ich jedoch davon berichte, werde ich wieder einmal etwas indische Glaubenslehre einschieben, denn sonst versteht man das Nachfolgende wohl nicht. Also:

Die Welt ist ein Strom der Dinge, der seit jeher fließt und träge seinen Weg sucht. Jeder Mensch hat temporär seinen Platz in diesem Strom. Langfristig betrachtet, verschwimmen jedoch die Konturen der Vergangenheit, der Gegenwart und der Zukunft, da dieser Platz nicht durch Tod und Geburt fest begrenzt ist. Ein Leben ist somit ein winziger Ort in diesem Fluss und man kann es nicht ändern oder verbessern. Es ist, wie es ist, wie es war und wie es immer sein wird. Es ist lediglich die Basis für das nächste Leben und daher unwichtig in der Summe der Hierarchie des Seins.

Das eigene Leben ist daher nicht mehr und nicht weniger als ein Mittelstück in dieser Abfolge. Zergliedert in viele Kasten, deren Zugehörigkeit sich durch ständiges Wiederholen der Wiedergeburten der Seele, des Karmas der Dinge, eingebunden in die Weltenordnung des Dharma, ergibt. Das Karma besteht aus vergangenen Taten, guten wie bösen, und bestimmt somit das zukünftige Seelenheil. Erst durch unzählige Seelenwanderungen und ein dadurch erreichtes edles Karma kann dieser Kreislauf durchbrochen werden. Das Ergebnis ist die vollständige Erlösung aller Formen weltlichen und irdischen Leidens. Es ist der Punkt der höchsten Erkenntnis und der Übergang zum Nirvana. Jeder kann diesen Weg nur individuell für sich erlangen und muss auch selbst dem Leiden entsagen können.

So weit war ein mir unbekannter Inder an diesem Vormittag aber bestimmt noch nicht gekommen. Ich stand mittlerweile an meinem Ziel, in einem der vielen Sterbehäuser Varanasis und beobachtete eine gerade stattfindende Verbrennungszeremonie. Wie eine riesige, staubige Maulwurfslandschaft lagen die einzelnen Verbrennungstreppen vor mir. Dahinter Unmengen von gestapeltem Holz. So weit das Auge die Umgebung erfassen konnte: ein einziger dynamischer Scheiterhaufen. Sobald ein Platz frei wurde, durfte schon der Nächste – *just in time* – verbrannt werden.

Dieses mehrstündige Ritual wird je nach Geldbeutel der Angehörigen null-acht-fünfzehn mit Kuhdung, mit ein paar Holzstämmen oder mit einem richtigen Scheiterhaufen vollzogen. Da die Familie vor meinen Augen anscheinend zu den reicheren Leuten gehörte, bekam ich sozusagen die volle Palette geboten. Ein Blick in den Reiseführer und ich war im Bilde. Bevor der Verstorbene auf den Scheiterhaufen gelegt wurde, tauchten die Angehörigen ihn als letzte rituelle Waschung in das heilige Gangeswasser. Danach umrundete der älteste Sohn den aufgebarten Leichnam fünfmal, als Symbol der fünf Elemente Wasser, Erde, Licht, Luft und Feuer. Der Tote war damit gesegnet und der anwesende Brahmane konnte mit unendlich vielen Beschwörungs- und Gebetsformeln den Weg für die Wiedergeburt frei machen. Der Leichnam wurde ein letztes Mal der Erde entrissen und mit einem brennenden Schilfbündel, entzündet am ewigen Licht, an seinem Kopf den Flammen übergeben. Laut Mythologie kehren die Elemente so wieder zu ihren Wurzeln zurück. Der süßlich-karamellige Duft stieg mir als kostenlose Beigabe in die Nase. Das kratzte schon an meinem Geist, das Feuer, der Geruch und die hinter mir auf das Ereignis wartenden Frauen. Es war nicht möglich, das spirituell wahrzunehmen, darüber nachzudenken ebenso wenig. Einfach nur aufsaugen. Nachdenken musste auf später verschoben werden.

Ein kleiner, unscheinbarer Seufzer unterbrach mich in meinen Gedanken. Nicht der soeben im Fluss des Lebens träge dahingleitende Inder hatte eine weitere Stufe im ewigen Kreislauf genommen, es war das alte Mütterchen direkt hinter mir in einer Ecke des Sterbehauses, der ich noch vor wenigen Minuten ein paar Rupien in die Hand gedrückt hatte. Ich konnte nicht ihr Gesicht erkennen, es war zu dunkel, aber ich glaube, sie war in freudiger Erwartung dieses Momentes glücklich und zufrieden durch die Tür des Weltenübergangs geschritten. Sie war einfach zur Seite gepurzelt und lag nun da. Hatte das überhaupt jemand mitbekommen, geschweige denn jemanden interessiert? Nicht wirklich, denn es tat sich nichts. Keiner der anderen anwesenden Todeskandidaten tat so, als ob er sich in Bewegung setzen wollte.

Aber wer war diese Frau? Ich wusste nicht, woher sie kam. Vom Dorf? Aus der Stadt? Von nah oder fern? Ich wusste nicht, wie lange sie hier gesessen und auf den Tod gewartet hatte. Am Sterben gehindert durch die Spenden der Lebenden. Ich wusste nicht, wie viele Menschen vor ihr über die Klinge gesprungen waren. Ich wusste nichts über sie, ja nicht einmal, wie sie aussah. Aber ich wusste, dass sie keine so wundervolle Bestattungszeremonie bekommen würde, wahrscheinlich würde niemand sie auf ihrer Reise in ein neues

Leben begleiten. Ich wusste nur, dass sie soeben in meinem Beisein gestorben war. Aber was wusste ich schon von dem, was sie wusste oder jetzt weiß? Nichts.

Ich schaute ein letztes Mal auf Manikarnika. Es loderten jetzt viele Feuer, auch der Inder loderte noch in den heiligen Flammen, während seine Familie um ihn trauerte. Ein lauter Knall ließ mich erstarren. Die Leute schienen erleichtert. Soeben war die Hirnschale durch die Hitze zersprungen, der Geist konnte entfliehen und blieb nicht gefangen. Sollte es mal nicht klappen, auch nicht so schlimm, der Verbrennungsaufseher hilft gern mit einem Hammer nach. So würde auch das soeben verstorbene Mütterchen verbrennen, ihre Asche würde dem Fluss übergeben werden und die Haridschans würden vorher noch die Reste mit großen Sieben nach verwertbaren Überbleibseln, die nicht verbrannt sind, durchforsten. Die Angehörigen des soeben Verbrannten nahmen abschließend ein rituelles Bad im Fluss Ganga, entlohnten den Priester und gingen zurück nach Hause zur klagenden Witwe. Wäre es noch gesetzlich erlaubt gewesen, hätte sie sicher die lebendige Verbrennung gewählt, denn wozu sollte sie noch leben? Die Söhne würden einen Tag lang fasten und für die nächsten zehn Tage als unrein gelten. Würden sie dieses Ritual verletzen, würde Jama, der Gott der Toten, den Verstorbenen abweisen und ihn als Missgeburt wieder ans Licht der Welt senden.

So wird es sein, heute, morgen und übermorgen. Die ewige Flamme des Todes wird brennen und Ganga, die heilige Mutter Indiens, wird sie alle aufnehmen. Auch mein Mütterchen. Sie werden sterben und wiedergeboren. Die Seele wird wandern und irgendwann wird sie im Nirvana der Buddhisten oder im Mokscha der Hindus ganz und gar aufgehen. Für viele wird das Ziel unerreicht bleiben, sie werden auf dem Weg dahin sterben, irgendwo und das heilige Feuer wird brennen wie schon seit tausenden Jahren, in der ältesten Stadt der Welt – Shivas Stadt – wo man selbst zum Heiligen wird.

GANGA ARTA

An den heiligen Ufern Mutter Gangas

Nach so vielen spirituellen Erkenntnissen etwas Alltägliches: Nach einigen Ausflügen mit dem guten alten, weich gepolsterten Amby in das nähere Umland verweilte ich wieder an Mutter Gangas Brust und ließ es mir gut gehen. Ich saß, wie jeden Abend, am Flussufer und beobachte das tägliche heilige Ritual zu Mutter Gangas Ehren.

Dieses Flussritual ist indisches Flair pur. Kaum ist die Sonne untergegangen, versammeln sich hunderte Hindus an den Ufern und warten auf den Priester. Untermalt von hypnotisierenden Gesängen, die von unzähligen Lautsprechern und ebenso vielen winzigen klingenden Glöckchen verbreitet werden – man fühlt sich wie in eine andere Welt versetzt! Auf den Treppenstufen verweilen Priester, schwenken Weihrauchschalen, Leuchter, Gebetsschellen und vollziehen geheimnisvolle Riten. Da war sie wieder, die wunderschöne Harmonie des Augenblicks, Pareto – der optimale Punkt, das Anandamid aus körpereigenen THC-Minen für die vielen freien Rezeptoren im Großhirn, also einfach der Punkt des Moments, von dem man sich so ungern wieder trennen möchte. Und als spürten die Betenden selbst diese Harmonie, setzten sie kleine Kerzen ins Wasser, um den Worten des Priesters durch Taten zu huldigen. Da schwammen sie, getragen von der Strömung und wippten von Welle zu Welle. Die Harmonien fest eingeschlossen, trug das Wasser die Kerzen den Strom abwärts und veredelte ihr ewiges Leuchten in Millionen goldener Spiegelperlen.

Kaum wollte ich mich an diesem Ort niederlassen, ihn genießen, die Derivate der Arachidonsäure aus den Zellmembranen extrahieren und auf die Reise ins Großhirn schicken, da stürmte eine wilde Horde Kids auf mich zu. Sie hielten mir Kerzen vors Gesicht – »hier, meine ist die Schönste!« Sie hatten mir ihre Arme so weit wie möglich entgegengestreckt und lärmten wild durcheinander. Überraschenderweise kam meine Harmonie ins Schwanken, da ein heftiger Streit darüber ausbrach, wer mir denn nun die Kerze verkaufen durfte. Ein kleines, etwa fünf Jahre altes Mädchen stach irgendwie aus der Masse heraus und ich sprach ein »Deeskalationsmachtwort«. Das musste doch geklärt werden! Kindererziehung fängt eben früh an.

Nachdem die anderen Rotzgören beiseitegeschoben waren, widmete ich mich ganz der Kleinen. Für einen horrenden Preis von sieben Rupien verkaufte sie mir ihre Kerze. Leider hatte ich wieder mal nur einen Zehner dabei – aber sie versprach mir, ihn zu wechseln und war schon verschwunden. Nach einer kurzen Versenkung verschwand meine Harmonie und ich machte mich auf, um diese kleine Prinzessin zu finden. Nun bin ich ja beinahe doppelt so groß wie alle Inder zusammen und konnte daher alles recht gut überblicken. Sie war schnell ausfindig gemacht, schaute mich engelsgleich an mit ihren großen, braunen Kinderaugen. Treugläubig steckte ich das Wechselgeld ungezählt in die Hosentasche.

Nun sollte doch auch mal ein ruhiger Augenblick für mich drin sein, dachte ich bei mir und spähte nach einem gemütlichen Sitzplatz aus. Das Holzpodest irgendeines Brahmanen schien dafür der ideale Ort. Leicht erhöht – eine wunderbare Sicht auf das Treiben – was will man mehr verlangen? Ich versuchte krampfhaft herauszufinden, ob noch irgendwelche Reste meiner körpereigenen THC-Kristalle in mir herumoxidierten und fand tatsächlich welche. Welch ein Glück!

Kaum saß ich, da standen auch schon neue Rotzlöffel vor mir. Die Teekanne mit untergeschnallter Glut in der Linken, den Eimer mit den tönernen Einwegbechern in der Rechten. Da es mich aber im Moment nicht dürstete, schickte ich sie das Weite zu suchen, auf dass sie es in einer halben Stunde wieder probieren sollten. Natürlich standen sie nach ein paar Minuten wieder bettelnd vor mir. Eine weitere Ablehnung hätte mich meinen Seelenfrieden gekostet. Man darf diese kleinen Banausen nicht unterschätzen. Wie listige Wallstreet-Händler, die einen Deal riechen, verbeißen sie sich an einem. Geschickt spielte ich sie gegeneinander aus und nahm für drei Rupien eine köstliche Tasse Tee. Ho ho, kaum wollte ich die Schuld begleichen, da stellte ich fest, dass das kleine Kerzenbalg mich beim Wechselgeld gewaltig beschissen hatte. Statt der drei Rupien hatte das Mädchen mir doch tatsächlich nur die Hälfte ausgehändigt! Man wurde hier doch wirklich von allen betrogen, sogar von den Kindern!

Schweren Herzens versuchte ich, das dem kleinen Teeverkäufer beizubringen, denn ich hatte leider kein weiteres Kleingeld bei mir. Der zog eine beleidigte Schnute und zerstörte vor Wut meinen noch halbvollen Teebecher. Ja sorry, aber noch einen Zehner wollte ich mir nicht vor meinen Augen klauen lassen. Okay, das kleine Miststück schnappst du dir!, dachte ich. Jetzt war ich das erste Mal richtig stinkig. Gesagt, getan. Ich irrte durch die betenden Massen und plötzlich stand sie vor mir. Ich kniete mich hin und versuchte, sie zur Rede zu stellen. Sie tat logischerweise so, als ob sie mich nicht kannte und antwortete trocken:

»If you don't count your money – your problem.«

Da klappte mir der Kiefer runter. Mir tippte jemand auf die Schulter – ach ja, eine neue Runde Tee. Wie war das doch gleich mit der Harmonie und den körpereigenen Glücksstoffen? Die Wissenschaftler nennen die Stoffe auch noch *Ananda*, was aus dem indischen Sanskrit, den Heiligen Texten, geschrieben vor über zweitausend Jahren, kommt und Glückseligkeit heißt – ich glaube, da haben die was verwechselt.

BRAHMAS VERGESSENE KINDER

sind der Stolz ihrer Heimat

»Were do you want to go? Bihar? O, that is not a good place for you. The people are poor and unfriendly.«

Na, wenn das keine Einladung war! Auch in Indien spricht man ungern über Verlierer, besonders Touristen gegenüber. Ein Blick in den Reiseführer bestätigt das. Es ist das Armenhaus Indiens, aber auch der Ort, wo Siddharta Gautama nach siebentägiger Meditation unter einem Bodhi-Baum in einer Vollmondnacht die Erleuchtung erlangte und so zum Buddha wurde.

Mit diesen Vorkenntnissen und gemischten Gefühlen wurde ich um vier Uhr morgens von meiner Digitaluhr aus dem Schlaf geklingelt. Ich trottete zum Bahnhof. Obwohl es für meine Verhältnisse mehr als früh war, wuselten schon Milliarden von Indern durch die Straßen. Ich nahm eine Riksha. Die riesige Bahnhofshalle war übersät mit ebenso vielen schlafenden Menschen. Sie lagen einfach auf dem Boden und ich hatte Mühe, zwischen ihnen einen Weg zu finden, niemandem auf die Finger zu treten oder etwas umzustoßen. Ähnlich chaotisch sah es auf den Bahnsteigen aus. Menschen über Menschen lagen schlafend auf dem Fußboden, dazwischen suchten Ratten nach Essbarem, nutzten jede Lücke zwischen Kleidung und Körper, nahmen auch auf meine Füße keine Rücksicht. Nicht einmal die Hunde konnten der Plagegeister Herr werden. Ihre Heimat haben sie in den Ritzen und Löchern im Bahnsteigbelag. Wer weiß, wie viele Nester sich dort befinden!

Obwohl meine Augen alle diese Eindrücke an mein Gehirn weiterleiteten, war es in diesem Moment viel zu sehr mit sich selbst beschäftigt. Viel wichtiger war die Frage, wo mein Zug abfahren sollte, ob die Daten auf dem Ticket stimmten und woher der Zug kam. Hier gab es zwanzig Bahnsteige und keine Anzeigetafeln. Eine Eigenschaft indischer

Bahnhöfe ist, dass sie durch fehlende Information glänzen. So irrte ich von Bahnsteig zu Bahnsteig und löcherte alle und alles, was mir zwischen die Finger kam, mit Fragen. Eine Antwort erhielt ich aber nicht. Was störten mich da schon die paar Ratten? Das Wirrwarr muss erbärmlich ausgesehen haben, denn ein älterer Mönch legte seine Hand auf meine Schulter und lächelte mich an.

»5:30 AM, this platform.«

Ich war wie ausgewechselt. Ich setzte ich mich auf eine Bank und wartete ganz ruhig die eine Stunde auf den Zug. Was hatte der mit mir gemacht? Sechs Stunden später stieg ich erholt aus dem Zug und die Sonne kroch netterweise durch die Wolken. Willkommen in Gaya, der Stadt des Erleuchteten, des zum Buddha gewordenen Gautamas.

Allein der Bahnhofsvorplatz, eine einzige stinkende Kloakenpfütze, ließ alles andere als die Erleuchtung aufkommen. Günter Grass meinte einmal über Kalkutta:

»Warum nicht ein Gedicht über einen Haufen Scheiße schreiben, wie Gott ihn fallen ließ und Kalkutta nannte. Wie es wimmelt, stinkt und lebt und immer mehr wird.«

Das passte auch auf diesen Ort. Europäischer Hausmüll hat im Vergleich ein regelrecht gepflegtes Erscheinungsbild. Was da alles rumlag! Doch damit nicht genug: Eine heilige Kuh stand inmitten dieses Zivilisationssees auf einer Müllinsel. Auwei, Indien ... An deinem heiligsten Platz steht eine verhungerte heilige Kuh auf dem Abfall und frisst Papiertüten, Plastikbecher und was ihr sonst noch essbar erscheint. Jedem Indien-Frischling hätte das bestimmt die Galle in Richtung Mund befördert, aber nach dem bereits Erlebten passte sich auch dieses Bild in die Reihe all der anderen ein und mit der Zeit verlor es seine abschreckende Wirkung. Mag sein, dass ich schon viel zu sehr abgestumpft war – okay – aber wer das *nicht* ist, der sollte niemals dieses Land besuchen!

Wie verabredet, klopfte mir in diesem Moment der Mönch vom Bahnhof auf die Schulter und holte mich aus meinen

Gedanken zurück. Einen Blick auf sein Gesicht konnte ich gerade noch erhaschen, er lächelte im Weitergehen. Was wollte er mir sagen?

»Hey, schau nicht so! Es ist doch nur das Leben, also mach dir nicht so viele Gedanken über das, was du siehst. Erfreue dich einfach!«

Erst jetzt bemerkte ich, dass er ein buddhistischer Mönch war. Noch ziemlich jung, vielleicht um die zwanzig. Das Haar rasiert, war er komplett in ein rot-gelbes Gewand gehüllt. Die Füße steckten in einfachen Badeschlappen, in der linken Hand trug er einen Stoffbeutel. Hatte er schon seine Erleuchtung gehabt oder war er auf den Weg zu ihr? Wenn ja, dann standen ihm noch dreizehn Kilometer bevor, denn der eigentliche Ort der Erleuchtung liegt etwas außerhalb der Stadt und ist einer der vier heiligsten Plätze der Buddhisten aus aller Welt.

Nach langem Suchen hatte ich ein halbwegs akzeptables Zimmer gefunden. Ein kleiner Schlafraum mit einem bettähnlichen Gestell und ein Raum mit einem Hahn, Wasserrohr und einem Loch im Fußboden schräg gegenüber. Richtig: Es war Klo und Abfluss zugleich. Nun gut, ich duschte eben mit Schuhen, was sollte es? Für denselben Preis bekam ich zwar überall ein fünfmal besseres Zimmer – es war aber nun mal nicht zu ändern. So sehr dieser trostlose Teil der Stadt zu bemitleiden war, es wartete ein Geschenk auf mich, das diesen Ort in unerreichbare Sphären emporsteigen ließ. Denn trotz der offensichtlichen Armut traf ich hier die außergewöhnlichsten Menschen des ganzen Subkontinents.

Eigentlich wollte ich nur einen nahen kleinen Berg besteigen, um den Tempel zu inspizieren. Jedenfalls war das der einzige lohnenswerte Ausflug, den dieser Ort zu bieten hatte. Mein Vorhaben blieb aber von der ansässigen Bevölkerung nicht unbemerkt und sofort standen fünfzehn jugendliche Inder um mich herum. Sie konnten kein English und ich kein Hindi. Egal, es gibt ja Hände. So war schnell klar, wohin ich wollte und ohne zu fragen, ging's los. Quer durch den Busch, durch Dornenhecken, die einem blutige Finger bescherten und vorbei an unbekannten Tieren und Pflanzen. Anstelle des offiziellen Weges, den es ja auch gab, wurde ein Weg direkt durch den Dschungel gewählt. Irgendwann kamen wir auch oben an. Ich war fix und fertig, aber schwuppdiewupp war ein Priester organisiert, der mal ausnahmsweise ohne Geld eine *Puja* zelebrierte.

Nach vollendeter Beichte, rotem Punkt auf der Stirn und abschließender Segnung wurde ich meinen Jüngern wieder zur Verfügung gestellt. Leider setzte der Monsun weiteren Aktivitäten ein jähes Ende und es galt, x-tausende Stufen bergab zu rennen. Zwischendurch ein paar Fotos geschossen und drei Blicke auf das Land geworfen. Unten angekommen, wurde an der nächsten Straße sofort ein vorbeifahrender Trecker gestoppt und im Handumdrehen saß ich auf dem angehängten Kieswagen. Ein paar Worte mit dem Fahrer und die Route hieß: Mainstreet Downtown. Ich konnte es nicht fassen, ich wurde gefeiert wie ein König, der nach erfolgreicher Schlacht in seine Stadt einzieht! So ging es durch die Straßen. Alles, was die Fahrt versperrte, musste fluchtartig den Platz räumen. Ich konnte den Weg gar nicht so schnell in meinem Gehirn abbilden und verlor schließlich komplett die Orientierung. Artig wurde ich dann direkt vor meiner Blechhütte (wie gesagt: das beste hotelähnliche Haus am Ort) abgesetzt und zu meiner größten Verwunderung wurde für das alles nicht eine einzige Rupie verlangt. Wahrscheinlich wusste jetzt die halbe Stadt, dass ich da war. Meine Führer aber waren einfach nur glücklich, einem Fremden geholfen und ihre Stadt gezeigt zu haben.

Noch nie hatte ich so einfache und arme, aber unendlich glückliche Menschen gesehen wie in diesem ärmsten Landesteil Indiens. Überwältigt nahm ich in der anliegenden Straßenküche ein einfaches Dal mit Chabati zu mir, beobachtete die Mönche in ihren gelben Kutten, wie sie vom Bahnhof hierherkamen, aßen und dann die dreizehn Kilometer in Richtung ihres Meisters liefen. Mein kleines Zimmer schien mir auch nicht mehr so armselig, es war ja auch nur ein Zimmer zum Übernachten, nicht mehr, nicht mein Leben.

Es sind immer die einfachen Dinge im Leben, die einem so viel geben. Nun war ich also bereit für die Begegnung mit dem großen Meister. War das die Prüfung für die Aufnahme gewesen?

COW CROSS COUNTRY

Der tägliche Hindernislauf in indischen Großstädten

Endlich! Irgendwann musste der lang erwartete Moment ja kommen. Ich war soeben in einen sehr frischen, wirklich fetten Kuhfladen gelatscht. Buff. Klatsch. Spritz. Scheiße. Meine Füße waren mit Sandalen bekleidet und liefen durch eine der vielen nordindischen umweltverpestenden Millionenmetropolen. Gerade noch heil über die Straße gekommen, den Fuß auf den Fußweg gesetzt und dann das Objekt anvisiert. Meine Augen hatten das Hindernis zwar offiziell angemeldet, der Befehl für die Beinmuskulatur musste die Schaltzentrale eigentlich auch schon verlassen haben. Jetzt verströmte ich denselben erotischen Wohlgeruch wie meine Umwelt. Also lief ich mit meinem Kuhkackefuß einfach stolz von dannen. Was ist das schon in Downtown India?

Es fällt schlichtweg nicht auf. Hunde-, Katzen-, Hühner-, Ziegenscheiße, mal in größeren, mal in kleineren Haufen, mal frisch, mal trocken, schon durch Fußtritte entjungfert oder noch zum Tritt freigegeben. Nicht zu vergessen die unzähligen Müllhaufen aus Plastik, Unrat, Papier und diversen organischen Abfällen. Besonders appetitlich sind diese vor Fleischereien und Garküchen. Da kann man quasi auf der Straße erkennen, was es zum Mittag gegeben hat. Für die restlichen, flüssigeren Abfälle muss die Kanalisation herhalten, die sich nur unwesentlich von der der antiken europäischen Städte unterscheidet. Zum Glück war gerade keine Regenzeit, daher war die Stadt trocken und glich keinem stinkenden Müllsee. Richtig schlimm wird es erst dann, wenn die Kanalisation das ganze Monsun-Siffwasser nicht schnell genug abtransportieren kann oder wieder mal restlos verstopft ist. Das chemisch und organisch stark angereicherte Wasser ist darüber hinaus die ideale Brutstätte für jegliches mutierte Leben. Schon nach zwei Tagen ist die erste Moskito- und Bakteriengeneration fertig. Die hohe Luftfeuchte,

Düngemittelrestbestände, ausgelaufene Batteriesäure und Temperaturen über dreißig Grad wirken auf diese Plagegeister sexuell absolut stimulierend. Straßen und Gehwege sind in Indien nie sauber, selbst wenn doch mal jemand fegen sollte, liegt der Abfall entweder in der Kanalisation oder in der nächsten Ecke, denn alles und jeder scheißt, pisst und spuckt, wo es ihm gefällt. Es gibt zwar öffentliche Urinale, die sind aber nicht mehr als ein ummauerter Ort am Straßenrand mit zwei Löchern im Erdboden, deren Ausgang in den oberirdischen Kanalisationsgräben liegt. Mancher Inder gibt sich erst gar nicht so viel Mühe und pisst einfach an die nächste Hauswand oder direkt in die Kanalisation. Von den Kühen schweigen wir lieber – allerdings können die nichts dafür.

Um das Spucken einmal näher zu erläutern: Die durch das Kauen der Betelnuss im Mund angesammelten, blutroten Speichelausflüsse werden mit einem gezielten Schwall ins Freie befördert, dann wird schon die nächste Ladung Nüsse und Limonensaft eingeworfen und weiter geht's.

Fünf Meter flussabwärts spielte ein Kleinkind im Wasser und fischte tatsächlich abgekaute Betelnusskerne heraus. Seine zwanzig Geschwister schauten geistesabwesend zu oder wühlten in den anliegenden Müllhaufen nach Essbarem. Ihre Mutter lag apathisch in der Wohnküche, einem zwei Quadratmeter großen, illegalen Fleck am Straßenrand, überdacht durch blaue Folie und Pappmatten und war offensichtlich schon wieder trächtig. Ihre Zähne waren durch das ständige Betelnusskauen blutrot, das Zahnfleisch weggeätzt, die Zahnhälse tiefschwarz und die Lippen aufgeplatzt. Der linke Fuß war aufgequollen und mit einer blauen Plastiktüte umwickelt. Ich konnte mir einfach nicht vorstellen, dass diese Frau jemand geschwängert hatte. Ich gab eine Rupie und musste daran denken, wie mir kürzlich ein vielleicht Dreijähriger fast auf den Fuß geschissen hatte. Knallgelb vom vielen Curry und wie immer hat es keinen gestört. Die streunenden Hunde haben es wenig später aufgeschlabbert.

Ich saß im Bahnhof und wartete auf meinen Zug, inmitten tausender wuseliger Inder. Generell ist das Thema Müll tabu – auch in Indien spricht man zunehmend weniger darüber. Aber wo soll der ganze Abfall auch hin? Müllabfuhr – Fehlanzeige. Früher, als noch alles organisch abbaubar war, haben es die Kühe gefressen. Das machen sie heute noch, nur gehören sie dafür mitsamt ihren Produkten in die Müllverbrennung. Das Papier ist durchtränkt mit giftiger Druckfarbe, die Bananenschalen vollgesogen mit Pestiziden, die Plastiktüten kleben ihre Mägen zu und führen zu Darmverstopfungen. Dadurch explodieren sie quasi lebendig, weil die Gärungsgase nicht mehr entweichen können. Sieht nicht gerade appetitlich aus, wenn das mitten auf der Mainstreet passiert. Viel häufiger jedoch verhungern sie mit vollen Plastikmägen. Arme Kreaturen sind die heiligen Kühe Indiens!

Auf dem Dorf funktioniert das System wenigstens noch halbwegs. Die Kühe dienen auch hier als lebender Müllschlucker, aber die Abfälle sind größtenteils noch rein organisch. Sie scheißen zwar auch überall hin, sodass man auch hier im Zickzack laufen muss, aber die Frauen sammeln die Fladen wenigstens zeitnah auf und klatschen sie an ihre Hauswände. Nach einem Tag ist die Kuhscheiße luftgetrocknet und kann verheizt werden. Billiger Brennstoff für ein baumarmes Land. Vielleicht schmeckt deshalb der Tee auf dem Land immer so gut.

BRHASPATI (TEIL I)

Indien braucht dein Fett!

Hey, warum nicht – neues Business gefällig? Willst du die Fettklumpen an deinen Hüften loswerden? Dann fahr nach Indien, natürlich ohne Malariaprophylaxe. So macht Abnehmen richtig Spaß! Du wirst deinen Körper neu erleben! Schöner Spruch. Und wahrer Spruch! Ich glaube, der zieht. Oder klingt er doch zu makaber? Muss man heutzutage so weit gehen, um in einem Land der Sättigung, des Überflusses, der Lustlosigkeit überhaupt Aufmerksamkeit zu erregen? Ich weiß, ich bin mal wieder viel zu krass …

Aber dass man in Indien abnimmt, steht außer Frage. Vierzig Grad, wenig Essen, das sorgt für Leere im Gedärm. Nicht, dass man mit Absicht wenig isst, aber die anerzogene Hygiene und die Tatsache, dass einem die Zutaten der Speisen völlig unbekannt sind, vom Sprachproblem mit dem Straßenhändler einmal ganz zu schweigen, zwingt einen, die Nahrungsaufnahme auf das bereits Bekannte zu begrenzen. Allein das ist ausreichend, um die Pfunde schmelzen zu lassen. Denn so viele Nahrungsobjekte überleben den Test nicht. Dazu kommt, dass alles geschält und gekocht werden muss, damit man nicht als lebender biologischer Sondermüll durch die Gegend läuft. Im Ergebnis heißt das: Bananen, Ananas, Kekse und keine Straßenküchen. Nun habe ich nicht umsonst zum Leidwesen mancher Leute in der Heimat öfter mal einen Krümel oder einen Marmeladenklecks vom Boden wieder aufgehoben, um meine Abwehrkräfte so hart wie Stahl zu machen. Ich führte also schnell neue Regeln ein und kippte alles Ungeschälte erst einmal eine Stunde zur Desinfektion in eine mit Micropur geschwängerte Wasserlösung. Passierte nichts Außergewöhnliches, wurde das jeweilige Nahrungsmittel ab sofort auch ohne Desinfektion konsumiert. Sprich: roh vom Stand. Bei Gekochtem war ich da etwas genauer. Na ja, sofern mir das möglich war.

Einen Blick in eine Küche vermied ich immer strengstens. Alles, was eine, für indische Verhältnisse, akzeptable Reinheit vorgaukelte, wurde probiert. Wenn am nächsten Tag nicht die Diarrhö anklopfte, wurde die Speisekarte um ein Produkt reicher. Man mag jetzt lächeln, aber das ist Überlebenstaktik in Indien! So aß ich mich von Tag zu Tag durch diverse Garküchen und war zum Glück bei bester Gesundheit.

Ich hatte Freud und Leid gesehen und wollte nun ansetzen, um das Land in Richtung Nepal zu verlassen. Was heißt wollte – ich *musste*. Schließlich ging der Rückflug von Kathmandu. Umbuchen, nein, das ließ ich lieber. Doch scheinbar hatten die Götter andere Pläne oder der meinige missfiel ihnen.

Was war passiert? Ich war also wieder an den Ufern des heiligen Stromes Ganga und versuchte mein Glück zum zweiten Mal, irgendwie nach Norden zu kommen. Der erste Versuch war ja gründlich in die Hose gegangen. Ein Streik hatte mir einen Strich durch die Rechnung gemacht. Anscheinend gab es auch in diesem Land Gewerkschaften, das mussten sie sich von uns Deutschen abgeschaut haben. Im ganzen Bundesstaat Bihar fuhr kein einziges öffentliches Verkehrsmittel, bis auf die Eisenbahn. Also hieß es: zurück nach Varanasi. Das Zugticket hatte ich glücklicherweise nach vier Stunden auf dem Zentralbahnhof der lokalen Hauptstadt ausgehändigt bekommen. Eine Stunde nahm das Kursbuch in Anspruch, eine weitere das Warten auf einen freien Platz, um das Ticketreservierungsformular auszufüllen und ganze zwei verschlang die Suche nach dem Schalter für Touristen und einem netten Angestellten. Ich war also wieder am Fluss des Lebens angelangt und ließ mich auf die Dinge zutreiben, die noch kommen sollten. Mit Zuversicht und Optimismus.

Die indischen Götter hatten, wie gesagt, beschlossen, mich mit Leid zu überhäufen. Ich hatte alles und nichts, aber fühlte mich wie auf einem schlechten Trip – unfähig etwas zu erreichen. Taumelnd lief ich – kaum etwas hörend und irgendwie ständig Suppe vor den Augen – durch Varanasi und warf mir Paracetamol ein. Genial, dieses Zeug: Nach zehn Minuten bist du wieder völlig klar im Hirn. Ich möchte nicht wissen, was da alles drin ist. Aber es half und das war die Hauptsache. Dummerweise wollte ich ja immer noch nach Nepal, genauer gesagt, am nächsten Morgen. Das Ticket hatte ich mir mal lieber schon vorher organisiert.

So erschien ich dann um sieben Uhr in der Früh am Office der Busfahrgesellschaft. Außer mir war noch ein scheinbar gelangweilter japanischer Backpacker im Büro. Völlig ungerührt verkündete der Angestellte, dass wir umsonst gekommen waren. Hier ist das Geld zurück und nun seht zu, wie ihr nach Nepal kommt – vielleicht mit dem *öffentlichen* Bus. Eine Welt brach in mir zusammen. Nicht nur, dass das mittlerweile der zweite gescheiterte Versuch war, den Himalaja zu erreichen, eine Fahrt mit den öffentlichen Bussen in Indien wünscht man nicht einmal seinem ärgsten Feind!

Glücklichweise meinte der Japaner, dass er den Weg kannte. Als ob ich nicht schon genügend Probleme gehabt hätte, meldete sich mein Körper zurück. Mir war schwindelig und schlecht. Ich hatte gedacht, die Scheiß-Pillen würden helfen. Aber wahrscheinlich war ich schon immun dagegen. Ich folgte dem Japaner, mein Magen knurrte und nach einer schier endlos langen Zeit stand ich vor einem Schrotthaufen. Wie sich herausstellte, war das unser Bus nach Nepal, mit Holzbänken im Abstand von fünfzig Zentimeter. Nun gut, eine Alternative gab es nun einmal nicht.

Nach der Fahrt wusste ich jedenfalls, wie sich Marylin Manson fühlt, wenn er sich selbst einen bläst – nur, dass ich noch alle Rippen habe. Schnell noch ein paar Kekse und Wasser hinter die Kiemen und los ging es. Bevor ich jedoch weitererzähle, noch ein paar Worte zu dem Bus. Indische Busse sind eine Krankheit. Dass sie überhaupt noch fahren, ist ein Wunder. Wobei das Armaturenbrett mehr Götter-

उरमूल

figuren als Fahrinstrumente aufweist. Aber vielleicht sind sie auch gerade deshalb noch fahrtüchtig. Neben den fünf Millionen Reinkarnationen von Shiva und Wishnu darf nämlich niemals Ganesha, der Gott des Glückes, fehlen. Ansonsten ist nicht mehr viel an so einem Bus dran. Er funktioniert im Grunde nur über die Hupe, die im indischen Straßenverkehr überlebensnotwendig ist.

Der Kassierer forderte die unverschämten zweihundert Rupien ein und nach dem x-ten Startversuch und unzähligen Fehlzündungen knatterte der Bus mit unüberhörbarem Getriebeschaden im dritten Gang los. Noch war er einigermaßen leer, aber wie das so ist in Indien, änderte sich das ganz schnell. Obwohl die Sitzbank gute achtzig Zentimeter breit war und ich mir aufgrund meiner Größe die Ohren mit den Knien zuhalten konnte, waren drei betagte, verschrumpelte Mütterchen der Meinung, neben mir mit Kind, Kegel und Kuh noch Platz zu finden.

Alle Mathematiker dürfen nun gern eine Platzoptimierungsrechnung durchführen. Bitte bedenken Sie dabei, dass ich auch einen Rucksack mit mir führte, der tatsächlich irgendwo in diesem Raum existierte. Extrapoliert auf das gesamte Raumangebot ergab das auch Pi mal Daumen viel zu wenig Raum und Luft für mich. Aber mit dem Kopf im Schoß ist so eine Busfahrt ein Fest der Lust. Nun, lieber Leser, mein männliches Geschlecht meldete sich zu allem Überfluss auch für die andere Funktion an. Ich hatte ein echtes Problem. Angesichts des stechenden Schmerzes, der Blasenkrämpfe, der pulsierenden Zuckungen der Unterleibsmuskulatur und der damit verbundenen Ohnmachtsanfälle, Wahrnehmungsstörungen und temporären Verzerrungen der Zeitlinie – was auch am Fieber liegen konnte –, verlief die Gesamtbusfahrt von zwölf Stunden in einer einzigen Ekstase. Übrigens habe ich Tenalady nicht benötigt.

Wir machen einen kleinen Zeitsprung. Es war noch immer derselbe Tag, so gegen vier Uhr nachmittags. Trommelschläge knallten wie meterhohe Brandungswellen in meinem

Gehörgang. Was war das? Schon in Nepal? Kommen die Pakistanis? Osama bin Laden persönlich? Mühsam setzte sich ein Bild zusammen. Unser aus allen Nähten platzender Bus war von einer Meute wilder Inder umzingelt. Sie schlugen mit Knüppeln und anderen Schlagobjekten gegen die Scheiben und es schien, als wollten sie den Bus umkippen. Scheiße, was sollte das? Ich hatte Angst. Seelisch und moralisch stimmte ich mich auf die Bus-Enterung ein, doch der Motor heulte auf und unser Fahrer preschte in die Massen. Mir war schlecht und ich wusste nicht, ob das der Beginn meines Untergangs werden sollte. Wir standen wieder – die Millionen Inder waren eben stärker. Irgendwo klirrte Glas – jetzt war es aus. Sekunden wurden zu Stunden, bis ein Gewehrschuss das Chaos durchbrach, woraufhin urplötzlich Ruhe herrschte. Selbst die Hühner und Ziegen im Bus schwiegen, sodass man die obligatorische Stecknadel fallen hören könnte. Wieder dehnte sich die Zeit zur Unendlichkeit aus. Ehe ich alles begreifen konnte, kam urplötzlich Bewegung auf und wir waren frei. Langsam rollten wir weiter. Keine Ahnung, was geschehen war, aber ich hatte mir fast in die Hosen gemacht.

Noch heute weiß ich nicht, was eigentlich passiert ist, aber wir fuhren weiter, als ob nichts vorgefallen wäre und ich versank wieder ins Land der Träume. Als ich erwachte, war es dunkel und die indisch-nepalesische Grenze erreicht. Der Bus endete hier, jedenfalls vertrat der Fahrer diesen Standpunkt. Soll ich erwähnen, dass ich immer noch vierzig Grad Fieber hatte? Schön, dass der Japaner noch lebte und eine Riksha organisierte. So brauchte ich mich nur zu ihm zu schleppen, nahm eine Paracetamol und endlich nach zehn Minuten setzten die chemischen Prozesse dem Fieber kurzfristig ein Ende. Zum ersten Mal dachte ich nüchtern über Malaria nach – ohne Ergebnis und so vertagte ich diese Sitzung. Ein schöner Nebeneffekt einer akzeptablen Körpertemperatur war auch das dosierte Transpirieren. Schnell die verschiedenen Ausreiseformulare unterschrieben. Meine vielen Fehler korrigierte der indische Grenzbeamte kommentarlos und mit einem netten Lächeln auf den Lippen. Nach dem Papierkram legte ich nun nur noch dreißig Dollar auf den Tisch. Klack, klack und ich hatte zwei Stempel mehr im Reisepass – Willkommen in Nepal!

DURGA (TEIL II)

Hotel suchen – duschen – schlafen – nächster Tag – die Reise ging weiter

Das Fieber verschlief noch den halben Tag, sodass ich die Fahrt in dem neuen, fast gemütlichen Reisebus genießen konnte. Ich hatte meinen eigenen Platz, mein Rucksack lag sicher auf dem Dach und ich genoss den weichen Sitzstoff an meinem Rücken. Ja! Richtige Sitze, mit Lehne und allem Drum und Dran, genau wie in europäischen Reisebussen, nur nicht ganz so modern.

So konnte ich den zehn Stunden Fahrt entspannt entgegensehen. Wir fuhren durch ein grünes Reismeer und wie aus dem Nichts stiegen die Shiwaliks, die erste Bergkette des Himalaja, aus dem Terai auf. Wie schön und melancholisch diese Landschaft doch war! Die engen, durch mörderische Scherkurven geprägten Straßen schlängelten sich wie aufgeklebte Serpentinen die grünen Steilhänge hoch. Die Wirkung der Schwerkraft auf die vom Monsun durchtränkte Erde war mehr als deutlich zu sehen.

Völlig zufrieden blätterte ich wieder in meinem indischen Mythologiebuch und blieb bei Durga und Mahishasura hängen:

Vor langer Zeit erlangte der grünhäutige Stierdämon Mahishasura die Gunst Shivas. Erfreut über die Hingabe bei den ausdauernden Meditationen des Dämons, belohnte Shiva ihn mit der Gabe, von keinem Menschen oder Gott getötet werden zu können. Daraufhin versammelte Mahishasura eine riesige Armee von Gefolgsleuten um sich. Sie zogen gegen den König der Götter, Purandara, und nach kurzem Kampf besiegten sie den völlig überraschten Götterchef. Mahishasura besetzte sofort den Himmelsthron des Besiegten, verjagte alle anderen Götter und herrschte nun mit grausamer Hand. Die verjagten, verzweifelten Götter wandten sich bittend an das erhabene Trimurti, bestehend aus

Brahma, Vishnu und Shiva. Vishnu, erschüttert über die Tat, erglühte vor Wut und ein strahlendes Leuchten umwand die Welt. Unterstützt von Shiva und Brahma, die an der materiellen Welt normalerweise kein Interesse zeigen, erhoben sie das Leuchten zu einer alles blendenden Kraft, die Himmel, Erde und Unterwelt durchdrang. An einem Punkt weitab des Vorstellbaren vereinigte sich die Energie jedoch in der Gestalt einer jungen Frau namens Durga. Ihr Gesicht war aus dem Licht Shivas. Ihre zehn Arme waren von Vishnu und ihre zehn Beine von Brahma. Die irritierten Götter wurden magisch von ihr angezogen, begannen sie zu preisen und ihr göttliche Geschenke zu machen. Durga erhielt viele wertvolle und magische Schätze – Juwelen und Kleider, sowie eine Girlande aus unsterblichen Lotusblüten für ihren Kopf und ihre Brüste. Der Himmelsarchitekt gab ihr eine glänzende Axt und eine magische Rüstung. Der Gott der Berge beschenkte sie mit einem Löwen, damit sie in die Schlacht reiten konnte. Nachdem sie mit den furchterregenden Waffen der Götter ausgerüstet war, setzte sie sich graziös auf ihren Löwen und brach auf. (Anmerkung des Autors: Die unzähligen weiteren Geschenke, die man ihr machte, können elegant weggelassen werden, da sie für die Geschichte nicht weiter relevant sind.)

Mir war kalt, ich hatte Schüttelfrost und musste kotzen. Ich hatte zwei Tage fast nichts gegessen und da kommt eben nichts als Galle. Trotzdem war mein Magen der Meinung, dass er gegen die Schwerkraft antreten musste. So kniete ich in Kathmandu im Hotel, umarmte die Toilette, fror und würgte. In der Zeit zwischen den Anfällen nahm ich meinen Reiseführer und las lustlos über Malaria nach, da ich ja noch ein offenes Ticket in meinem Gehirn hatte. Malaria – welch schreckliches, aber irgendwie doch ästhetisches Wort. Fast klingt es wie ein fernes Urlaubsland in der Südsee. Malaria, die Insel der verschollenen Träume … Im Reiseführer stand allerdings nichts von solchen Ländern, vielmehr las ich dort von Grippe, von Fieber und Gliederschmerzen. Viel schlimmer war, dass er auf die Beipackzettel der Medikamente verwies. Die lese ich normalerweise nie, weil man den ganzen Kram ja eh nie bekommt, der da immer abgedruckt ist. Ich jedenfalls nicht.

Aber in dieser Stunde der Not las ich ihn trotzdem und er sorgte für Knochenschwund hüftabwärts. Wie ein Kursblatt in einer Aktienbaisse flogen mir Begriffe wie Übelkeit, Schwindelanfälle, Wahrnehmungsstörungen um den Kopf und mein Depotwert fiel ins Bodenlose. Aber das war ja noch nicht alles gewesen! Noch schlimmer wurde es bei Persönlichkeitsstörungen, Ohnmachtsanfällen, Herzrhythmusstörungen und Suizid-Gefährdung. Vor Schreck musste ich wieder aufs Klo rennen. Ganz nebenbei fiel mir der Text aus meinem Mythologiebuch, den ich auf der Busfahrt gelesen hatte, ein. Da war doch vom Sieg Durgas über den Stierdämon Mahishasura die Rede. Ich las die ganzen Schrecklichkeiten des Beipackzettels noch einmal recht laut und deutlich – es geschah aber nichts. Gut, dachte ich, dann gibt es eben Krieg. Ich schluckte sieben Tabletten auf einmal.

Die Dämonen und Mahishasura sahen nun eine noch nicht absehbare Anzahl von Katastrophen über alle Welten hereinbrechen und wandten sich dem Eindringling zu, überzeugt davon, keineswegs ihre Macht über den Himmel zu verlieren. Doch allein das Antlitz ihrer neuen Gegnerin ließ sie in Ehrfurcht verharren. Der Kampf begann.

Das Auge auf den eigenen Körper gerichtet, lag ich da und lauschte dem Aufmarsch der Heere. Wie Trompeten und Fanfaren hallte der Tinnitus in meinen Ohren in ewigen Kreisen. Flashartig blitzten Bilder aus vergangen Tagen auf und verschwanden wieder. Bilder, Gedanken, Fantasien, alles verschwamm ineinander. Wenn ich nicht doch noch etwas Überblick über meine Lage gehabt hätte, so wäre ich wohl dem Anschein meines Todes verfallen. Denn auf das Schlachtfeld strömte nun die ausgesuchteste und abscheulichste Ansammlung von Dämonenkriegern mit ihrer schaurigen Infanterie. Angeführt von tausenden Streitwagen,

Pferden und Elefanten. Begleitet von dem immer dröhnenderen Ohrensausen erschien Durga auf ihrem mächtigen Löwen. Die meditativen Wellen ihrer Glocke sorgten für einen totalen Verlust meiner Orientierung. Wo war oben? Lag ich noch im Bett oder schwebte ich? Wo war ich überhaupt? Ein hilfloser Versuch, mithilfe autogener Schlafübungen zur Ruhe zu kommen, erregte die Dämonen zusätzlich und sie erhoben sich mit neuer Stärke. Stunden vergingen und keine der Parteien errang scheinbar einen Vorteil – sie sanken in einen tiefen Schlaf.

Der neue Morgen war von Nebel verhüllt. An Aufstehen war nicht zu denken. Bei dem Versuch, mich aufzurichten, führte jeder Winkel über fünfundvierzig Grad zu sofortigen Ohnmachtsanfällen. Die Sonne zog übers Firmament, aber sie konnte den Nebel nicht durchdringen. Schon unzählige Male hatte ich allen Mut zusammengenommen und mich angezogen, aber schon drei Meter weiter, an der Zimmertür angelangt, konnte ich mich nicht mehr auf den Beinen halten und brach zusammen. Erschöpft und verzweifelt schleppte ich mich zurück in meine Nebelhöhle.

Erst spät am Nachmittag schienen alle Dämonen besiegt zu sein und ich wagte den Schritt hinaus ins Licht der Welt. Wie auf einem schlechten Drogentrip schwankte ich durch die engen, lärmerfüllten Gassen Kathmandus. Jede noch so kleine Bodenwelle der unbetonierten Straßen störte das empfindliche Gleichgewicht und zusätzlicher Informationsinput wie Autos, Menschen und Kühe konnte überhaupt nicht verarbeitet werden. Erst nach Sekunden drang ihr Anliegen ins Reaktionszentrum vor. Langsam, ja nicht das Gleichgewicht verlieren, du hast Zeit – viel Zeit. So ging ich, besser schwebte ich und hatte kein Ziel vor der Nase. Irgendwo und irgendwann erspähten meine Augen ein kleines Restaurant. Ich aß etwas, danach ging ich wieder heim.

Mahishasura, der Dämonenkönig, war über die katastrophale Niederlage so erzürnt, dass er persönlich, in Form eines Büffels, auf dem Schlachtfeld erschien. Noch dachte er, er sei unverwundbar, aber Durga hatte von den Pillen der Firma Bayer genascht und war ihm somit gleichgestellt. Sofort stürzte sich ihr Löwe auf ihn und sie konnte ihm ihre Schlinge um den Hals werfen. Um dieser Falle zu entgehen, verwandelte er sich ebenso in einen Löwen, den Durga köpfte. Mahishasura entkam jedoch in der Gestalt eines Menschen. Ohne zu zögern, schoss sie eine Salve scharfer Pfeile nach ihm. Nach unzähligen weiteren Verwandlungen war der Dämon so geschwächt, dass Durga ihn fangen und vernichten konnte.

Ich riss die Augen auf. Wo war ich? Welcher Tag war heute? Drei Tage keine ordentliche Nahrung, mein Insulinspiegel musste schon negativ sein. Ich spürte, dass mein Körper das nicht mehr lange mitmachen würde. Mahishasura war noch am Leben! Am ganzen Körper zitternd, warf ich mir etwas über und stolperte in einen nahen Laden. Mit heiserer Stimme und schweißkalten Händen bestellte ich eine Cola. Der Zucker durchflutete meinen Körper und meine Muskeln erhielten für kurze Zeit ihre Kraft zurück. Der Tag war warm und sonnig, ich fühlte mich leicht wie eine Feder. Sowohl meine Knie als auch der Wandspiegel bestätigten das: In drei Tagen viereinhalb Kilogramm, da kam Muttis Sauerkrautdiät nicht mit. Ich sprang wie ein junges Reh durch die Stadt. Jeder Mensch, ach was, jedes Lebewesen, war wie ein Sonnenstrahl für mich. Ich wäre zu allen Leistungen fähig gewesen. Einfach sein zu dürfen, diese Welt weiter zu beehren und zu genießen, was konnte es Schöneres geben? Die Bedeutung dieser Tatsache wurde mir erst in diesem Moment richtig bewusst. Ein freundliches Lächeln lag mir auf den Lippen.

Ein ziemlich hoher Preis für ein einmaliges Erlebnis. Für alle, die eine Rezeptanleitung benötigen, vermerkt jeder Reiseführer folgenden ausführlichen Bericht: Ab Varanasi per Bus zum Grenzort Sunauli, von dort mit der Riksha über die Grenze nach Bhairawa. Von dort fahren direkt Busse nach Kathmandu.

DIE DREIZEHN KRIEGER DES HANUMAN

Krieg im Paradies!

Dreizehn Stufen bilden die Spitze einer Stupa, aber der Weg dahin besitzt weitaus mehr. Die Entfernung von einer Stufe bis zur nächsten definiert sich durch die Höhendifferenz und die persönliche Steigkraft. Leider hat der Zugang zu einer der zahlreichen Stupas um Kathmandu viele solcher Stufen. Hat man zwölf davon symbolisch erklommen, sitzt auf der dreizehnten ein Affe und zeigt einem grinsend die Eckzähne. Nun handelt es sich hier nicht um die lieben Affen, wie wir sie aus europäischen Tieranlagen kennen, sondern um wilde, aggressive Tiere, die solche heiligen Orte zu Tausenden bevölkern.

Ausgepowert vom mühseligen Steigen, verlor sich mein Blick in die Höhe zum Ziel, zu den erhabenen Augen des Buddhas der Ewigkeit. Der Anblick dieser Augen weist einen in die Schranken des eigenen Seins. Die leichte Geschwungenheit der Lider strahlt sowohl Weisheit als auch ein Lächeln aus. Ein wissendes Lächeln, befreit von allem Leid. Plötzlich aufkommendes wildes Geschrei und umknickende Äste holten mich in die Wirklichkeit zurück und deuteten auf eine von unendlich vielen Raufereien im Heer des Affenhäuptlings Hanuman hin. Trotz meiner vor Angst feuchten Hosen stieg ich forschen Schrittes weiter. Das war eine falsche Entscheidung, denn ein durchweg erregter Häuptling nahm diese optische Coolness zum Anlass für eine Machtdemonstration. In null Komma nix klebte er mir am Bein und seine Krallen drangen in meine rechte Wade. Die Zähne bis zum Gehtnichtmehr gefletscht, suchten seine bohrenden Augen die meinen. Mit laut pochendem Herzen stand ich wie versteinert da und wartete auf das Schmerzsignal vom Großhirn, welches die Zähne in meiner Wade verursachten. Da dieses auf sich warten ließ, sorgte das inzwischen tonnenweise produzierte Adrenalin für eine innere

Anspannung, die sich in einem unkontrollierten, schwer definierbarem Sprung mit halber Drehung und animalischen Geräuschen meinerseits entlud. Wie vom Blitz getroffen, verschwanden in weniger als einem Augenaufschlag alle versammelten Affen in den Tempelurwald rechts und links vom Aufgang und es herrschte wieder trügerische Stille. Völlig fertig und high von den ganzen Drogen in meinem Gehirn versuchte ich mich zu beruhigen und die Entsorgung des Adrenalinüberschusses zu veranlassen. Ein Blick zur Wade verhieß nichts Gutes. Da hatte der Kollege ein schönes Geschenk hinterlassen. Zum Glück gab es ja hoffentlich genügend Tollwutantikörper in mir, die das schon erledigen würden. Wenigstens die Euros für die Impfung waren nicht umsonst ausgegeben.

Schwankenden Schrittes ging es weiter, der Stupa entgegen, doch noch lagen etliche Stufen vor mir. Wie zu erwarten, empfing mich kurz vor dem Ziel der Tempelkassierer, welcher angeblich für den Erhalt des Tempels auf Touristen wartete. Das eben Geschehene schien er nicht verfolgt zu haben oder er maß dem keine weitere Bedeutung bei. Das wäre wohl auch zu viel von ihm verlangt gewesen. So griff ich wieder einmal in die täglich schmaler werdende Geldbörse und zauberte die verlangte Summe heraus. Endlich konnte ich die Schönheit des Bauwerkes genießen, auch wenn diese durch den Affenkönig und seine Crew bereits erheblich beschädigt war. Wieder so ein Fall von geraubter Harmonie. Schön, damit musste ich mich abfinden und lief daher mehr lustlos als motiviert umher. Ich versuchte, um jeden Affen einen möglichst großen Bogen zu machen und vermied den direkten Blickkontakt.

Irgendwann fand ich zu meinem Erstaunen ein ruhiges, abgeschiedenes Plätzchen, das obendrein einen grandiosen Ausblick über das Tal im späten Tageslicht bot. Aber auch hier blieb man von den ständigen Gefechten zwischen den rivalisierenden Affenbanden nicht verschont. Wenigstens ließen sie meine Person erst einmal in Ruhe und es gelang mir, in den Spirit des Ortes einzutauchen. An den Wolken züngelten die zarten Finger der Sonne und im Tal wuselten die Nepalesen geschäftig umher. Das zauberhafte Naturereignis schien keinerlei Eindruck auf die Einheimischen zu machen. Betrüblicherweise setzte ein großer Wolkenwall, der soeben noch an den umliegenden Bergen verhakt gewesen war, dem herrlichen Lichtspiel ein Ende. Da hinten, weit hinten, irgendwo hinter diesem Ungetüm aus Wasserdampf, musste der Mount Everest liegen. Angeblich konnte man ihn bei klarem Wetter von hier aus sehen. Doch ausgerechnet heute, wo der Tag eh schon ein schlechtes Karma hatte, musste er sich selbstverständlich in Wolken hüllen.

Aber was nützt einem der höchste Berg, wenn zwei neurotische Affen mit einem auf Kollisionskurs sind, um einen als Sprungtreppe zu einem Baum zu missbrauchen? So schnell, wie der erste auf mir war, konnte ich gar nicht reagieren. Das noch immer bereitstehende Adrenalin ermöglichte mir ein katapultartiges Aufspringen und sofort setzte die Neuproduktion ein. Dieser Akt verbaute leider dem zweiten Affen seine Sprungtreppe, jedoch konnte er seinen eingeschlagenen Kurs nicht so schnell abändern, sodass er mich ebenfalls ansprang. Er prallte an mir ab wie ein Frosch an der Wand.

Endgültig komplett verstört und nervlich am Ende verließ ich fluchtartig den Tempel. Ich rannte, buchstäblich vom Affen gebissen, die zehntausend Treppen hinunter, flog dabei fast, verlor mein halbes Leben und fauchte alles an, was sich mir in den Weg stellte. Nicht einmal Zeit, um die Gebetsmühlen zu drehen, nahm ich mir – nur weg hier! Irgendwo musste ich noch ein paar Kippen haben, das wäre jetzt genau das Richtige. Krampfartig wühlte ich mich durch meinen Rucksack, leider ohne Ergebnis. Die anwesenden einheimischen Besucher reagierten mit bloßem Entsetzen und waren sicher sehr erleichtert, als ich von der Bildfläche verschwunden war.

Als ich abends in meinem Ein-Euro-fünfzig-Hotel bei einer gepflegten Flasche »Old Monkey«-Rum am lodernden

Kaminfeuer saß, hielt ich mir vor Augen, dass dieser Tag für meine zukünftige Reinkarnation längst überfällig war. Denn Buddha lehrt: »Erlösung durch Leid!«

HANUMANS RACHE

Im dunklen Tempelurwald

Neuer Tag, neues Glück. Auf meiner Reiseliste stand wieder einmal ein heiliger Tempelkomplex. Die Sonne schien freundlich in den unschuldigen Morgen und es war angenehm warm. So watete ich von dannen.

Kein noch so großes Missgeschick hätte diesen Tag trüben können. Auch nicht die riesige Wunde von dem bekloppten Affen gestern. Ich hatte abends im Hotel noch die halbe Flasche Poly-Alcohol Haut-Antisepticum draufgeknallt und bin dann jaulend vor Schmerz durchs Zimmer gesprungen. Um einige blaue Flecke reicher stand ich zwei Stunden später angewidert vor den mörderischsten Schlepphoden eines goldenen Abbildes des Bullen Nandi und wurde von dem rüpelhaften Klötenbewacher am Weitergehen gehindert.

Ich war da. Juhu! Allerdings waren tausend weitere Nepalesen auch da. So gestaltete sich auch dieser Tempel, wie alle Heiligtümer, als total überlaufenes Durcheinander aller möglichen Wesen. Ob groß oder klein, ob Hund oder Affe, Hauptsache den Punkt auf der Stirn (für fünf Rupien hatte ich auch wieder einen), Blumen um den Hals und ab – den Lingam, eine abstrakte symbolische Darstellung Shivas, küssen. Danach noch ein paar Tropfen vom heiligen, durch den Monsun kackbraunen Bergquellwasser und dann konnte die Welt untergehen.

Nun, das tat sie nicht, denn ich war ja dort. Na, welch ein Glück! Ich wollte dem Gewühl entkommen und suchte einen Ruheplatz, von dem aus ich all das Treiben bequem verfolgen konnte. Dieser Idee entsprach die gegenüberliegende Flussseite perfekt. Terrassenartig reihten sich viele kleine Gebetsnischen am Tempelbergwald aneinander. Entspannt ließ ich mich nieder – in einem Anflug von Harmonie – und das Treiben huschte an meinen Augen vorbei. Wieder wurden die körpereigenen Anandamid-Quellen angezapft und der

Transportweg zum Großhirn geebnet. Wie selten in diesem Land konnte ich es dieses eine Mal ausgiebig genießen.

Der Wind schickte regelmäßig eine kleine Brise geröstetes Menschenfleisch herüber, denn ein paar Meter flussabwärts lagen die Verbrennungspodeste. Auf zwei, drei Stapeln Holz und viel Stroh, da möchte jeder Hindu enden. Weniger geruchsintensiv waren die Sadhus, die heiligen Männer, die gleich um die Ecke ihr Lager aufgeschlagen hatten. Jede Frau wäre wohl neidisch auf ihre Bemalung und ihre Schlankheit. Ich glaube, das angelegte Body-Painting wiegt mehr als das, was darunter ist. Laut meinem schlauen Reiseführer sollen sie ja nur Milch schlürfen und dafür, fand ich, sahen sie wohlgenährt aus. So heilig sie auch sein mochten, Geld war heiliger. Ich bekam ein nettes Foto für einen Zehner – ach, was sollte es. Nebenbei bemerkt: Ganz geruchlos waren die Sadhus auch wieder nicht. Zu den Düften brennender Körper schmuggelten sich nämlich auch Gerüche vom heiligen Kraute Shivas. Ja ja, die Sadhus, ganz allein von Milch leben sie eben doch nicht.

Nach diesen inspirativen Minuten führte mich mein Weg weiter in den hinter dem Tempel liegenden Urwald. Wie üblich warnte der Reiseführer vor den »crazy monkeys«. Affen, die wurde ich wohl nie mehr los. Vor Schreck fing meine klaffende Wunde auch gleich wieder an, höllisch zu schmerzen. Mit wachsamem Auge ging ich unsicheren Schrittes den Pfad durch das Dickicht. Prima Klima hier, dachte ich bei mir und gelangte über den menschenleeren und scheinbar tierfreien Pfad, so unvorstellbar das vor zwanzig Minuten noch gewesen sein mochte, heil zum Ende des Tempelwaldes. Kaum jedoch waren die letzten Bäume hinter mir, die Tempelmauer noch nicht erreicht, erspähte ich eine ganze Horde von meinen Freunden. Wie Perlen auf der Schnur, wie Hühner auf der Stange saßen sie auf dem Eingangstorbogen und den angrenzenden Mauern. Super! Klar, das musste ja sein. Nach harten Verhandlungen konnte ich einen Arbeitsstreik meiner Fortbewegungsmittel verhindern und nahm eine Tür des sich rechter Hand befindenden Gebäudes als willkommene Umgehungsstraße.

Kaum stand ich im Innenhof, schossen Menschen wie Pilze aus dem Boden und rannten auf mich zu. Sorry, ich wusste ja nicht, dass das auch ein Tempel ist – ich geh ja schon wieder – 'Tschuldigung! Die Affenbande bekam dieses Gekreische natürlich mit und war dezent erregt. Nun stand ich also wieder vor meinen Freunden und musste irgendwie zwischen ihnen hindurch. Dass ich die Hosen voll hatte und mein Herz kurz vor dem Kollaps stand, muss ich wohl nicht betonen. Die Affen und ich, das würde nie eine belastbare Freundschaft werden. Aber was sollte ich machen? Zurück? Das war unmöglich. Schließlich wollte ich noch zu einer heiligen Stupa. Also nahm ich all meinen Mut zusammen und setzte mit zittrigen Beinen den ersten Schritt. Es folgte der zweite und auch der dritte. Es passierte nichts, gar nichts, alle Beteiligten saßen herum und lausten sich.

EINS (INDRA)

Der Götterbote

Nach stundenlanger Wanderung in den Bergen Nepals nahm ich mir nochmals die teuer erstandene Karte vor und war der festen Überzeugung, dass hinter dem nächsten Hügel Bhotechaur liegen musste. Hier sollte ein nettes Teehaus auf mich warten, wo müde Wanderer wie ich nächtigen konnten. Wie dem auch sei, auf jeden Fall waren dies die korrekten Angaben des Reiseführers und ich hatte meine Route daraufhin geplant. Hier übernachten und morgen über den Bergkamm zurück in die Zivilisation. Wie ich feststellen musste, unterschieden sich die Angaben im Reiseführer von den regionalen Karten erheblich. Von der Schreibweise einmal ganz zu schweigen, stimmte rein gar nichts überein. Nun, jammern half nicht – wer Probleme scheut, ist nur zu faul, Lösungen zu finden.

In ungefähr drei Kilometern waren kleine Quadrate eingezeichnet und irgendwo war ein Name dazugemalt – es musste einfach der richtige Ort sein. Schließlich war man hier »out of civilization« und jeder Ort ein kleines, autarkes Königreich. Also schnell noch einen köstlichen Schluck frischen Bergquellwassers – natürlich ohne das Wasser vorher fünf Minuten abkochen zu lassen, warum auch: Wenn nicht hier, wo sollte denn die Natur sonst rein sein? – und dann weiter des Weges. Vorbeilaufende Nepalesen grüßten mich freundlich, die Sonne schaute keck durch die Wolken und ich stand vor einem riesigen Haufen Erdrutschpampe. Hey, wo war der Weg? Nach gründlicher Inspizierung der Lage hatte ich eine vielversprechende Überquerungsmöglichkeit der schwabbeligen einhundert Meter ausgemacht. Na klar: Kaum hatte sich mein Gewicht verlagert, stand ich bis zum Knie im Brei! In der Regel kommt man aus so tiefem Schlamm nicht ohne Weiteres wieder heraus. Ich ackerte mich redlich ab. Zur Freude der mittlerweile versammelten johlenden Schulkinder auf der anderen Straßenseite. Nach Stunden der Arbeit erreichte ich das andere Ufer und sah dementsprechend aus.

Nun denn, es ging weiter. Der Schlamm sollte mich von meiner Mission nicht abhalten, denn merke: Erlösung durch Leid! Wie auf der Karte verzeichnet, befand sich nach dem nächsten Berg das ersehnte Dorf – eher eine Ansammlung weniger Hütten, die sich an einen der vielen Berge anschmiegte. So schnell, wie ich dieses Dorf erreicht hatte, lag es auch schon wieder hinter mir. Stopp! Da kam nichts mehr, hier musste der Teeshop mit der Übernachtungsmöglichkeit sein. So stand ich auf einem von Blechhütten umgebenen Platz, der dem mitteleuropäischen Markplatz von seiner Bedeutung her gleichkommt und alle Augen waren auf mich erbärmliches Wesen gerichtet.

Ungläubig schaute ich umher und entdeckte schließlich eine elegante Hütte. Auf jeden Fall stand an der rechten Hauswand kaum lesbar: »Rupa Hotel and Lodge«. Das zweistöckige, baufällige architektonische Highlight mit vorgezogenem, bemoostem Blechdach und nicht existierenden Fensterscheiben sollte also ein Hotel sein? Interessant. Ich nahm das erst einmal interpretationslos auf. Inzwischen zog mein Verhalten die Aufmerksamkeit der ansässigen Dorfbewohner auf sich und wenige Sekunden später hing eine Traube Kids an mir. Das hatte mir gerade noch gefehlt! Ich warf abwechselnd böse Blicke auf die kleinen Ungetüme und spähende in die nähere Umgebung und versuchte, sie nach einem doch noch irgendwie vorhandenen Teehaus zu scannen – ergebnislos. Ein Blick auf die Uhr bestätigte das laue Gefühl, das aus meiner Magengegend kam. Für eine Umkehr war es zu spät. Also blieb mir nichts anderes übrig, als an der Rezeption einmal Hallo zu sagen. Ein netter junger Mann empfing mich auch gleich unterm Blechdach und nachdem es mit der englischen Sprache nicht so ganz funktioniert hatte, einigten wir uns auf die bewährten Hand- und Fußgesten. Daher konnte ich ihm auch irgendwann begreiflich machen, dass ich ein Bett für die Nacht suchte. Mit einem Lächeln auf den Lippen stand er auf und gab mir zu verstehen, dass ich ihm folgen sollte.

Bevor ich das tat, wagte ich einen Blick in den Empfangssaal. Hinter der Theke saß eine Frau und riss dem kläglichen Abendessen die Federn aus. Gleich daneben hing über dem offenen Feuer ein großer Kessel, in dem irgendetwas köchelte – wahrscheinlich der andere Teil des Abendessens. Da der Raum keinen Abzug hatte, waren alle Wände sehr verrußt und so konnte ich keine weiteren Einzelheiten erkennen. Nur so viel, dass im rechten Teil der Empfangshalle ein großer Holztisch aufgestellt war – aha: nahtloser Übergang zum Speisesaal. Auch hier frönte man also der All in one-Lösung. So folgte ich meinem Meister und erkannte, dass der Stall links neben der Eingangshalle ebenfalls noch zum Hotelkomplex gehörte und wohl die Suiten beherbergte. Für deutsche Verhältnisse glich er eher einem Hühnerstall – nur dass kein deutsches Huhn hier jemals ein Bein freiwillig hineingesetzt hätte. Ohne etwas von meinen Gedanken zu ahnen, öffnete der Hotelbesitzer die knarrende Holztür und präsentierte mir voller Stolz das Loch. Ich betrat das Verließ und fand alles Mögliche plus ein bettähnliches Gestell direkt am offenen Fenster. Was nun? In diesem Ding wartete alles auf mich, nur keine angenehme Nacht. Von Zecken über Spinnen, Ratten und Mäusen bis zu was weiß ich. Okay, immer noch besser als unter freiem Himmel. So setzte ich mein Sonntagslächeln auf und reichte ihm die Hand.

Mittlerweile hatte sich meine Ankunft in der ganzen Gegend herumgesprochen und alles, was laufen konnte, versammelte sich auf dem Dorfplatz. Aus großen, neugierigen Augen schaute man mich an und wartete auf meine Taten.

»Hi. Who can speak English?« – Schweigen.

Somit war auch das geklärt. Ein kleiner Junge nahm mich an die Hand und zog mich mit. Nach wenigen Metern stand ich stramm vorm zahnlosen Ältestenrat. Ungläubig stand ich da, so als ob das letzte Gericht über mich hereinbrach. Ich wurde gemustert und wahrscheinlich für gut befunden, denn man gab mir zu verstehen, dass ich mich setzen sollte. Sofort stand auch eine Cola da und der Musterungsprozess wurde aus der Nähe fortgesetzt. Was soll man in einem solchem Moment machen? Nichts. Nur lachen und interessiert schauen – was ich auch tat. Das Ganze zog sich fast zehn Minuten hin und dann stand der nächste Termin vor der Tür. Drei Meter weiter: neues Spiel, neues Glück, nur ein anderer Ältestenrat. Am neugierigsten waren immer die alten Mütterchen. Tja, so etwas Knackiges hatten die wahrscheinlich schon lange nicht mehr gesehen. Das mag jetzt lustig klingen, aber in diesem Moment wusste ich nicht, ob ich morgen verheiratet werden würde oder dies meinen Abschied von der Welt bedeutete. Jedenfalls musste es am nächsten Tag unbedingt weitergehen.

Laut Reiseführer gab es einen Weg, aber eben nicht auf meiner Karte. Englisch konnte, wie gesagt, keiner. Wieder hieß es Geduld aufbringen und jeden Winkel in der Gegend durchforsten. Maisfelder, Reisfelder, Weizenfelder, Latrinenfelder – alles da, nur eben nicht besagter Weg auf den zweitausend Meter hohen Hügel hinter dem Dorf. Ein pfiffiger Bengel las meine Gedanken und nach einem längeren, schwierigeren Informationsaustausch ernannte ich ihn zu meinem Führer für den nächsten Tag. Beruhigt ging ich zurück in mein Hotel, denn es war höchste Zeit fürs Dinner.

Kaum war ich in der Hotellobby angekommen, wurde ich in den Speisesaal gebeten und nahm neben dem Hund Platz. Die Köchin, sprich: Hausfachkraft, Putzkraft, Mutter von fünf Kindern, Oma von einem Enkel und scheinbar noch sehr fruchtbare Dorfschönheit, bereitete über dem offenen, lodernden Herdfeuer das Drei-Gänge-Menü zu. Es war ein Zeitsprung ins Mittelalter. So sehr man diese Menschen wegen ihrer primitiven Lebensumstände auch bedauern mochte, sie erschienen mir alle sehr zufrieden und glücklich.

Das Essen war auf jeden Fall köstlich, wenn auch sehr einfach. Vereinzelt meldeten meine Geschmacksknospen tatsächlich den Fund eines Stückchen Hühnerfleisches. Wie man es von einem Luxushotel erwartete, wurde nach dem Abendessen Kultur geboten. Das gilt auch in Nepal. Kaum war das Mahl beendet, wurde ich durch den Klang aus dem Nachbarraum aufgefordert, mich in diesen zu begeben. Eine junge, bildhübsche Frau sang ihrer vielleicht vierjährigen Tochter im Gemeinschaftsraum ein Märchen vor. Ich setzte mich in den Türrahmen und war nun vollständig in einer anderen Dimension.

Von Minute zu Minute bewunderte ich diese so einfach lebenden Menschen mehr. Sie brauchen keine überflüssigen Konsumgüter oder irgendwelche zweifelhaften technischen Gerätschaften. Sie leben so, wie sie es seit Generationen gewohnt sind und dies alles andere als unzufrieden und traurig. Viel zu schnell wurde es dunkel und es hieß, das Haus zu verlassen, denn der Kulturteil war beendet. Noch heute sehe ich ihre sanften braunen Augen, das reine Lächeln und die unglaublich schönen, langen, schwarzen Haare vor mir. Einfach eine perfekte Frau! Gedankenversunken begab ich mich in meine Fünf-Sterne-Suite, holte die Zahnbürste heraus und reinigte meine Kauleisten und meinen Körper am öffentlichen Jauchebrunnen. Im Hühnerstall inspizierte ich dann zuerst einmal alle Ecken. Ratten und Mäuse waren zwar nicht ausfindig zu machen, aber dafür zwei handtellergroße, fette, schwarze Spinnen in Bettnähe. Schön, dachte ich, denn Spinne am Abend ist ja bekanntlich erquickend und labend. Sie schienen mir auch friedlicher Natur zu sein, sodass ich sie als Mückenabwehr am Leben ließ. Trotzdem kleisterte ich mich von oben bis unten mit Nobite ein und stülpte mir meinen Schlafsack bis über beide Ohren. Zur Abschreckung vollzog ich alle zwei Minuten spastische Zuckungen, um mögliche Angreifer abzuschütteln. Erstaunlicherweise schlief ich recht schnell ein.

ZWEI (VARUNA)

Zwischen den Fronten

Ursprung und Sitz des Regens ist der höchste Himmel. Diesen bewohnt der oberste Gott Varuna und achtet mit strengem Blick auf die Einhaltung der kosmischen Gesetze. Er überwacht so beispielsweise, dass die Morgenröte erscheint, die Sonne auf- und untergeht und die Regenfluten die Erde treffen. Obwohl Varuna ständig die Fluten auf den Weg zur Erde schickt, werden sie von gemeinen Luftdämonen überfallen und in Wolken eingesperrt. Zahlreich sind diese Dämonen der Trockenheit und viele wurden schon im Kampf getötet. Keiner aber ist so gewaltig, so gefürchtet und scheinbar unbesiegbar wie Writra. Im Gegensatz zu seinesgleichen verfügt er über magische Kräfte, wechselt Antlitz und Aufenthaltsort. Neunundneunzig Wehrfestungen bieten ihm Schutz im Kampf mit den Göttern. Seine Waffen sind die gefangenen Wassermassen, die er durch seine magischen Kräfte in Blitz, Donner, Hagel und Nebel verwandelt. Gefürchtet ist Letzterer, da er durch die eigene Verhüllung und die des Gegners Verwirrung stiftet.

Trotz dieser ständigen Verletzung der kosmischen Gesetze kann Varuna persönlich nicht gegen Writra zu Felde ziehen und die Regenfluten von ihren Fesseln befreien. Er schickt den Gott des Himmels, den starken, allmächtigen, obersten Herrscher, selbstherrlich und arrogant, König der Welt und Gott über die Menschen, Tiere und alles, was atmet, lebt und sich bewegt. Niemals alternd, anmutig, geboren von Himmel und Erde; ein Held aus Fleisch und Blut wie meiner einer, nur unsterblich. Er liebt Feste und Speisen, Fleisch und Somawein, der, wie sollte es anders sein, natürlich halluzinierend wirkt, Freude und Leid. All das ist Indra, der Große Gott der Menschen. Beauftragt von Varuna, macht sich Indra auf, Writra zu suchen und die Regenfluten aus ihren Wolken zu befreien, die Menschen zu ernähren und das Land erblühen zu lassen. Durch den Somatrunk gestärkt, schwingt er sich in die Lüfte und zielt mit seiner Speerspitze auf Writra. Der nutzt seine magischen Fähigkeiten, hüllt sich in Nebel und stürzt sich mit seiner vollen Größe auf den verwirrten Indra. Geschickt erspäht dieser jedoch den Nebling und schickt seine Speere zielsicher auf dessen verwundbare Stellen, da der Kollege beim Drachenblutbad geschlampt hat. Tausend Spitzen treffen ihn und wie Blitze einen Baum spalten, reißen sie ihn in die Luft, zerfetzen seinen Leib und schmettern die Stücke unter die Hufe seines Rosses. Danach zerteilt Indra die Regenwolken mit seinem großen Schwert. Nicht nur die Menschen, sondern auch die Götter freuen sich über diesen Sieg und danken ihm für seine Heldentat. Doch so bedeutend der Sieg sein mag, nur kurz bleibt die Freude. Denn heimlich sammeln Writras Gefolgschaften dessen Überreste zusammen und tränken diese mit dem Trunk des Lebens, Amrita. Wieder auferstanden, macht sich Writra unverzüglich an sein Werk und sperrt die kostbaren Regenfluten ein. Unzählige Male ist dieser Kampf in vergangenen Zeiten geführt worden und unzählige Male wird dieser Kampf noch stattfinden. Wie in allen Zeiten wird nach dem Sieg Indras der Erde und der Menschheit das Licht und das leuchtende Morgenrot zurückgegeben.

DREI (WRITRA)

Götterdämmerung im Himalaja

Der Morgen schickte dicke Nebelschwaden durch das offene Fenster in meine mollig warme Luxussuite. Kaum einhundert Meter weit drang der Blick in die Ferne. Hartnäckig versuchte das spärliche Tageslicht, die Konturen der unzähligen Gegenstände klar zu umreißen. Meine noch müden, mit Wehmut gefüllten Augen machten all diese Bemühungen zunichte. Die Geschichte von Indra, Writra und Varuna, die die junge, schöne Nepalesin gestern ihrer Tochter vorgesungen hatte, schien sich zu bewahrheiten. Bestimmt kämpften gerade der Nebling und Indra miteinander und ließen mich so im Unklaren darüber, wer in dieser Nacht Gäste in meinem Zimmer gewesen waren.

Trotz der Ungewissheit fühlte ich mich fit für den geplanten Marsch über den Pass, hinab in ein neues Tal, Richtung Zivilisation. Schon spürte ich die reinigenden Wassertropfen einer kühlwarmen Dusche auf meinen Schultern, die meine nächste Unterkunft hoffentlich zu bieten hatte, denn nach mehreren Tagen ohne Wäsche fühlte ich mich verschmutzt und stinkend. Wie immer begutachtete das halbe Dorf mein morgendliches Baderitual. Okay, ich denke, die Frauen wollten sich nur an meinem, um das ganze Fett erleichterten, ästhetischen Adonis-Körper ergötzen. Ich genoss die wenigen Sekunden, in denen ihre Blicke auf mich gerichtet waren, denn mein Hotelinhaber gab schon das Zeichen für das Frühstück.

Frische Eier, Fladenbrot und Tee, ich aß, was ich konnte, wer wusste denn schon, wann es die nächste Mahlzeit geben würde? Wie immer mahnte ein Blick auf die Uhr zur Eile. Mist, sieben Uhr – mein jugendlicher Führer wartete bestimmt schon. So verabschiedete ich mich schleunigst und eilte zu der verabredeten Stelle. Wie erwartet, saß er schon dort und kam mir freudig entgegen.

»Okay – let's go!«

Der Weg schlängelte sich, merklich ansteigend, durch nicht enden wollende Reisfelder. So weit der Nebel zu sehen erlaubte: ein Feld am anderen, fein säuberlich durch einen reichlich einen Meter hohen Wall begrenzt. Die Aussaat musste soeben erfolgt sein, denn die Felder glichen kleinen Seen mit vielen grünen Haaren, die im Wind wogten wie ein noch unberührter, jungfräulicher Venushügel. Ständig passierten wir auf dem nicht mehr als zwei Fuß breiten Trampelpfad Kreuzungen, Verzweigungen und Abbiegungen, die sich nach dem Feld wieder vereinten oder eben nicht. So folgte ich meinem Führer und der einzigen brauchbaren Landkarte durch die Nebelschwaden und hatte schon längst den Überblick verloren.

Vielmehr machten mir aber der immer steiler ansteigende Weg, das Gewicht des Rucksacks und meine Pumpe, die knapp vor dem Herzkasper stand, zu schaffen. Schritt für Schritt kämpfte ich mich weiter. An die noch fehlenden sechshundert Höhenmeter mochte ich gar nicht denken. Meinem Guide schien das alles nichts auszumachen, er hüpfte und tänzelte von Kreuzung zu Kreuzung, als ob er ein Geißlein wäre. Er sollte bei olympischen Spielen mitlaufen, die Goldmedaille wäre ihm sicher. Nach einer halben Stunde war dann erst einmal mein Pulver verschossen, resigniert gab ich auf.

»Pause! Please!«

Erschöpft sank ich auf den Boden und konnte gar nicht so schnell Sauerstoff in meine Adern pumpen, wie sie es forderten. Zu allem Überdruss spürte ich ein dumpfes Grollen in der Darmgegend – bitte nicht jetzt! Nicht gerade jetzt. Aber nach zwei Tagen ist der Speicher halt voll. Tja, leider gab es hier nirgends ein WC . Was nun? Warum kommt das immer so plötzlich, ohne Vorankündigung, ich meine, wenn ich das gewusst hätte, dann hätte ich mir im Ort mit dem Klappspaten … Aber für solche Gedanken war jetzt nicht der passende Moment. Das schaffst du noch! Weiter nach oben – der Bergkamm war das Ziel. Ich sattelte auf und folgte mit grollendem Darm und ständigen Attacken auf den Schließmuskel meinem Guide Weggabelung für Weggabelung, Reisfeld für Reisfeld, Schritt für Schritt bis zur völligen Erschöpfung. Die Schmerzen im Unterbauch wurden jedoch so heftig, dass ich irgendwann nicht mehr anders konnte. Es musste sofort eine Entleerung her! Nur wie? Vor den Augen meines Guides? Wie sollte ich ihm das erklären – er konnte doch kein English. Ich entschied mich, ihm zu verstehen zu geben, dass ich ab jetzt den Weg wusste und ihn nicht mehr brauchte. Ich drückte ihm dreißig Rupien in die Hand und er schwirrte ab.

Kaum, dass er weg war, schmiss ich meinen Rucksack in die Ecke, hockte mich hin und ... Mensch, was für ein Haufen! Zum Glück hatte ich noch Klopapier aus Deutschland dabei. Trotz der enormen Erleichterung blieb keine Zeit für große Freude. Es musste weitergehen, noch war der Bergkamm in weiter Ferne und es schien, als würde der Nebling gerade erst anfangen, mit mir zu spielen. Je höher ich kam, desto dichter wurde er. Schließlich verlor ich vollkommen die Orientierung. Kreuzung folgte auf Verzweigung, dann schlängelte sich der Weg wieder unendlich lang an Feldern vorbei, stieg urplötzlich steil an und fiel wieder ab. Von einem Bergkamm keine Spur. Da stand ich nun im Nichts, mitten im Kampf zwischen den Göttern und wusste nicht ein, nicht aus, lief und lief und lief, bis ich einen Blick auf die Uhr wagte.

Zwölf Uhr – stopp! Ich war um sieben Uhr losgegangen und nach vier Stunden war noch immer kein Ende in Sicht. Shit! Das sah nicht gut aus. Wo war ich eigentlich? Der Nebel war schier undurchdringlich, Schuhe und Beine vom meterhohen Gras klatschnass und zu allem Überdruss noch zig festgesaugte Blutegel an den Beinen, die schon richtig satt waren. Die Biester waren fast nicht abzubekommen und mehr als die Hälfte musste ich quasi mitsamt der angebohrten Haut messertechnisch ausschneiden. Au, das tat weh!

Da diese Tierchen die Eigenschaft haben, die Blutgerinnung zu unterbinden, waren meine Beine, nachdem ich sie alle entfernt hatte, blutüberströmt. Ungeachtet dieser Vorfälle war es mittlerweile ein Uhr und ich war noch immer irgendwo im nepalesischen Gebirge, ohne zu wissen, wo genau.

Der Nebel wurde immer dichter und allmählich geriet ich in Panik. Wenn sich der Nebel doch endlich gelichtet hätte. Die Geschichte vom Kampf zwischen dem Nebling und Indra ging doch zugunsten der Sonne aus – also, wo war sie? Warum musste ich auch unbedingt den Guide wegschicken, wie konnte ich nur so bescheuert sein? Ich lief weiter, entschied mich immer für den ausgetretenen Weg und ging nicht selten kilometerweit wieder zurück. Aus ein Uhr wurde zwei und zwischen zwei und drei Uhr bildete ich mir ein, Stimmen zu hören. Erstaunlicherweise ging es in dieser Richtung auch sehr steil bergab, das passte alles. Den Bergkamm überwinden und danach ein Dorf und dann rechts halten. So einfach las sich das Ganze jedenfalls in der Karte. Stimmen – endlich wieder Menschen! Denn wo Menschen sind, ist Leben, wo Leben ist, gibt es Nahrung und wo Nahrung ist, ist Zivilisation.

Wie im Wahn stieg ich den von Regenfluten zerfurchten Pfad bergab, um so schnell wie möglich herauszufinden, wo ich war. Wie ein Eremit kam ich mir vor, der von seinem Berg herabsteigt. Alsbald stand ich vor einem Teehaus, das von drei weiteren Hütten umgeben war, und wurde neugierig von den teetrinkenden Männern begutachtet. Rettung nahte! Ich holte meine Karte heraus und versuchte, ausfindig zu machen, wo ich mich befand. Ungläubig schauten sie mich an. Alles klar, die sprachen kein English und Karte lesen konnten sie auch nicht. Ein älterer Herr zeigte nur mit der Hand den kaum sichtbaren Weg entlang und murmelte unverständliche Worte. Ich interpretierte, dass es der richtige Weg war. Ich hatte mich zwar gewaltig verlaufen, aber im Groben sah es gut aus laut Karte. Zum Schluss bekam ich eine Tasse Tee. Danke, das half. Es war die Mischung aus einem sehr milden Grundtee, verfeinert mit vielen Kräutern, Gewürzen, Milch und viel Zucker, die mich eine kurze Weile die Zeit vergessen ließen – fast wie mein erster indischer Tee im Tourist Office in Kalkutta. Ach ja – wie harmlos waren diese Probleme dort gewesen im Vergleich zu den jetzigen.

Ich sah den Männern zu, die in ein mühleähnliches Brettspiel versunken waren und versuchte, diese Ruhe in mich aufzunehmen. Der Tee kostete zwei Rupien und nachdem mein Rucksack wieder auf meinen Schultern lag, begab ich mich auf den gewiesenen Weg. Der Pfad war zerfurcht und endlos pampig und aufgeweicht vom vielen Regen. Ständig sprang ich von einer Pfütze zur anderen und sank nicht selten knietief ein. Wenigstens sorgte der Schlamm für den Verschluss der immer noch suppenden Blutegelwunden. Fast hatte ich die Hoffnung auf irgendetwas Erfreuliches aufgegeben, als ich in eine richtige Stadt mit Häusern, Straßen und Läden kam.

Bevor ich irgendetwas anderes tat, zog ich mir erst einmal eine Coke rein – das erfrischte! Ach ja, ich sollte mal fragen, wo ich hier war. Die Verkäuferin antwortete, aber ich verstand sie nicht. Aber, und das war sehr freundlich, sie verwies mich auf eine Busstation. Echt? Hier gab es Anschluss an die Welt? Genial! Ich wagte kaum, das zu glauben. Tatsächlich fand ich mühelos einen größeren Schlammplatz mit einem Bus, der tatsächlich noch am selben Tag nach Kathmandu fahren würde. Mir kamen die Tränen, so unglaublich erlöst und glücklich war ich. Die Fahrt verbrachte ich abermals mit Ziegen, Hunden und Milliarden von Schlaglöchern, aber das war mir alles so egal, Hauptsache zurück in mein Hotel und ab ins Bett.

Gegen zwanzig Uhr stand ich in meinem Zimmer und zum ersten Mal betrachtete ich mich im Spiegel. Ein verlauster, abgefuckter, asozialer Bettler sah wahrlich besser aus als ich! Die Schuhe waren mit einer zentimeterdicken, rotbraunen Schlammkruste überzogen, die Unterschenkel ebenfalls und obendrein war noch alles mit Blut vermischt. Mein Hemd, glücklicherweise von Natur aus grau, stank wie … egal. Ich konnte es in die Ecke stellen und es blieb tatsächlich stehen. Also ab unter die Dusche und dann ging das Leben erst fünfzehn Stunden später für mich weiter.

OM MANI PADME UM

Die heilige Silbe des Universums

Eine leichte, von ihrer eigenen Erhabenheit durchflutete Ruhe erfüllte einen Raum von vielleicht zwölf Quadratmetern. Das spärlich einfallende Licht gab dennoch genügend Helligkeit, um den Tempelraum halbwegs auszuleuchten. Die Erhebungen der fast bis zur Unkenntlichkeit verwitterten Wandfiguren warfen schmale Schatten. Gern hätte ich den Raum näher begutachtet, die Muster, Farben und Figuren, aber die Lichtverhältnisse ließen es nicht zu. Schade.

Ich saß in der Ecke auf einem Stein und starrte in das Nichts des Regens. Saß und wartete. Bis der Regen aufhören und das Licht den Raum wieder in all seiner Schönheit erstrahlen lassen würde. Frieden war in mir. Ganz tief innen. Unantastbar, fast unzerstörbar. Ich saß in diesem Raum eines alten, verlassenen Tempels und betete. Nein, das tat ich nicht, es wäre Blasphemie gewesen. Ursprünglich wollte ich nur Schutz vor dem einsetzenden Regen suchen und hatte mich in das erstbeste Haus mit Dach geflüchtet. Jedenfalls saß ich in diesem spirituellen Raum und beschäftigte mich im doppelten Sinne mit mir selbst, als urplötzlich eine Kuh ihr Maul in meinen Tempel steckte. Willkommen im Club!

»Hey, aber hör mal Milka, das ist mein Tempel! Raus hier! Du bist dreckig. Lass dich vom Regen sauber machen.«

Aber Madame sah das nicht so und hatte auch schon ihr Hinterteil im Raum versenkt. Gleich alles so dunkel hier. Man sah ja die eigene Hand vor Augen nicht mehr. Und jetzt?

»Ich habe nicht wirklich Lust, die nächste Stunde mit dir hier zu verbringen«, laberte ich sie voll.

Anscheinend gefiel ihr die Sanftmut in meiner Stimme, denn sie lief schnurstracks auf mich zu. Verschreckt stand ich auf und vergrößerte unseren Abstand. Sie blieb komischerweise auch stehen und entleerte erst einmal ihren

Darm. Nicht nur, dass sie mir meine Ruhe, meine Philosophie zerstört hatte, nein, sie nahm mir das Licht und pisste mich zur Krönung auch noch an – damit war das Karma des Raumes vollkommen zerstört. Unglaublich.

Ich oder die Kuh – einer musste diesen Raum verlassen! Also ab in den Regen. Ich lief »durch den Monsun, hinter die Welt, ans Ende der Zeit, bis kein Regen mehr fällt, gegen den Sturm, am Abgrund entlang und wenn ich nicht mehr kann, denke ich daran«, wie schön es mit dir war … Milka.

Wohlbehalten in der Stadt angekommen, benötigte ich dringend eine Wasserflasche. Ich lief zwar an vielen Läden vorbei, aber an keinem, der so etwas Banales wie Wasser führte. Ich habe noch nirgends auf der Welt einen Laden gesehen, in dem es kein Wasser gibt. Zum ersten Mal begann ich mich so richtig aufzuregen. Ach ja, der Blutdruck! So lief ich also nun zu Fuß und ohne Wasser zurück zu meinem Hotel, irgendwo in dieser fremden Stadt und fragte mich nach dem Sinn meines Lebens. Der Portier begrüßte mich wie immer freundlich, als ob nichts gewesen wäre. Ach, wenn der von meinem Unglück gewusst hätte!

Genauso schlampig wie ich mein Zimmer verlassen hatte, war es noch immer, was mir eine gewisse Vertrautheit vermittelte. Als hätte das Timing nicht besser sein können, meldete sich mein Magen zurück. Den hatte ich in der ganzen Aufregung total vergessen. Frisch geduscht saß ich eine Viertelstunde später im hauseigenen Restaurant. Ein mindestens zwanzig Jahre altes Tischlaken mit Kunstblumen und einer Kerze, die kurz vor ihrer Erleuchtung stand, zierten meinen Tisch. So vergnügte ich mich mit der Speisekarte und quälte meinen Magen noch eine Weile. Sie war wie immer mehr als nur rätselhaft, auch wenn sie Erklärungen in Englisch enthielt. Frei nach dem Motto »No risk – no fun« ging ich wieder einmal in die Vollen und bestellte das, was ich am wenigsten aussprechen konnte. Leider weiß ich nicht mehr, was das war. Der Ober sprang auch sofort herbei und nahm alles ziemlich gelassen – machte mich aber netterweise darauf aufmerksam, dass das Wasser aus sei. Ach was sollte es, dann zur Feier des Tages eben ein Bier. Der Blick auf das wenige Minuten später servierte Essen wäre wohl einen Whisky wert gewesen. Keine Ahnung, was da auf meinem Teller lag. Eine dicke grüngelbe Soße versteckte alles andere.

»Do you like it?«, kam gleich die Frage vom Ober, aber ich hatte ja noch nicht einmal Besteck in der Hand.

»Yes«, antwortete ich unterwürfig. So steckte ich todesmutig die Gabel in die Tunke, schloss ängstlich die Augen und schob sie mit dem Zeug in meinen Mund. Wenn ich nicht ab und zu mal auf einem Stück Knochen herumgekaut hätte, dann wäre mir gar nicht aufgefallen, dass ich überhaupt etwas Essbares im Mund hatte, so scharf war das Zeug. Wahrlich kein Wunder, dass die hier keine Allergien kannten. Die Pampe hätte man super als Desinfektionsmittel einsetzen können. Da half nur eins – mehr Bier! Zwei, drei, letztendlich waren es wohl zwischen sechs und acht halbe Liter köstlichstes King Fisher Premium Lager.

Zeiteinheiten später lag ich betrunken in meinem Zimmer, das Bier kühlend auf meinen entblößten Körper gestellt und schaute indische Schnulzenfilme. Mit aller Mühe versuchte ich, die mit drei Millionen Nebenhandlungen vollgepackte Haupthandlung zu verfolgen. Aller zwei Minuten wurde gesungen, getanzt und wenn es sexuell zu heiß wurde, wurde das Bild vor Scham ganz schwarz – schon lustig. Glücklicherweise konnte ich eh nicht mehr alles so genau begreifen, da ist ein Bollywood-Schinken, wie man ihn aus der Filmfabrik Bombay nennt, genau der passende Zeitvertreib. Ebenso glücklich war ich, nicht über den Tag nachdenken zu müssen, denn was wäre dabei herausgekommen? War das der Sinn meines Lebens? Was sollte dieser Tag für mich bedeuten? Aber wie gesagt, ich hatte mein Gehirn abgeschaltet.

ETERNAL FAITH

… an endless question

Da war nichts, Sein und auch kein Nicht-Sein. Ebenso keine Luft und auch kein Himmel, keine Erde und kein Feuer. Nicht Tod und nicht Unsterblichkeit. Kein Tag und keine Nacht. Nichts anderes als von Finsternis umgebene Finsternis.

Sodann wurde das in sich selbst bestehende Nichts erkannt und teilte sich in die fünf Elemente, sodass die Finsternis verschwand. Er, der sich jenseits aller Erfahrungen und alles Seins aufhält, ist unergründlich. Er, der unsichtbar und ewig im Wesen alles umfasst, der Schöpfer der Welt, trat in Erscheinung. Voller Tatendrang und Sehnsucht, die Finsternis zu erhellen, schuf er zuerst das Wasser und damit den Samen der Welt. Es wurde aus diesem Samen ein goldenes Ei, das wie die Sonne glänzte und in dem Brahma, der Urvater aller Welten, geschützt durch die Schale, heranwuchs. Nach seiner Vollendung spaltete dieser durch seine bloßen Gedanken das Nichts in zwei Hälften, aus denen sich nun Himmel und Erde formen konnten. Den Zwischenraum erfüllte er mit seinem göttlichen Atem, der die acht Weltlegenden bildete. So ordnete Brahma das Chaos und erschuf die kosmische Ordnung. Doch diese Ordnung ist nicht ewig, denn ewig ist das Nichts. Es obliegt Brahma, die Zeitalter zu bestimmen und enden zu lassen, indem er sich zur Ruhe legt und damit die von ihm geschaffene Ordnung beendet. Und wenn das geschieht, schafft Vishnu, sitzend auf der Weltenschlange, die Welt von Neuem und ein neues Zeitalter beginnt. Aus seinem Bauchnabel wird ein Lotus hervortreten und Brahma erschaffen. Die Welt wird zweigeteilt, Götter und Dämonen manifestieren sich. Der Milchozean mit der Weltenschlange als Transmissionsriemen wird gequirlt. Der Berg Meru als Weltenachse mit den Göttern auf der einen Seite und den Dämonen auf der anderen. Ihr Gezerre um

die Machtverteilung buttert den Milchozean, verfestigt also die Elemente: Schönheit, Kraft, Vitalität, Freude und das Gift. Dank der Weitsicht Shivas, der das Gift verschluckt, um es den Dämonen zu entreißen, konnten sich die Elemente vollenden. Nun, da die Verteilung zwischen Göttern und Dämonen definiert und über das Gift den Göttern der Unsterblichkeitstrank in die Hände gefallen ist, müssen nur noch Bewohner definiert werden. Das ist wiederum die Aufgabe Vishnus. Bereits bei der Quirlung des Milchmeeres trat er als stützende Schildkröte der Weltenachse in Erscheinung. Nun, in seiner zweiten Verkörperung als Fisch, zieht er die Arche durch die Weiten der alles umgebenden Sintflut. In seiner dritten Inkarnation als Eber taucht er nach der Erde, die ein Dämon unter Wasser gedrückt hat und ertränkt nach tausendjährigem Kampf den Unhold, bringt sie mit seinen Hauern wieder ans Licht. Da der besiegte Dämon einen Bruder hat, den Herrscher über die drei Welten, muss Vishnu erneut erscheinen, in Form eines Zwerges. Auf die Frage, was er sich denn wünsche, bittet er um etwas Land, gerade so viel, wie er mit seinen Schritten abmessen kann. Der Weltenherrscher lässt ihn gewähren und der Zwerg erwächst zu seiner ursprünglichen Größe, durchmisst mit dem ersten Schritt den Himmel, mit dem zweiten die Erde, sodass für den Dämon nur noch die Unterwelt bleibt. In einer weiteren Reinkarnation erscheint Vishnu als Löwenmensch, als Rama mit der Axt, der die Kaste der Krieger in vielen Schlachten besiegt und den Priestern ihre Macht zurückgibt. Die siebente Verkörperung beendet die Entführung seiner Gattin durch den Dämonenkönig in Form des Prinzen Rama und mit der Hilfe Hanumans. In der achten Verkörperung tritt er als Krishna, der bezaubernde Hirtenjunge, Liebling aller Frauen, auf, um in der neunten als erleuchteter Buddha wiederzukehren. Nun kommt er nur noch einmal, als Kalki, der eiserne Reiter, wieder. Diese Erscheinungsform steht ihm aber noch bevor und schließt den Weltenzyklus, dessen Ablauf eine Veränderung vom Guten zum Schlechten beinhaltet. Sind seine Aufgaben zu Beginn noch dem Erschaffen des Lebens gewidmet, folgt darauf der Niedergang der Gerechtigkeit und Wahrheit und folgt am Ende das Verderben, in dem er selbst keine Lösung mehr findet. So wird er in Millionen von Jahren als Reiter Kalki mit dem Schwert die Erde vernichten und das Universum ins absolute Nichts versinken. Erst dann wird er auf seiner Weltenschlange Ananta-Shesha ruhen, bis die Schöpfung in einen neuen Zyklus eintritt. Und wie immer fließt das neue Zeitalter wie ein junger Bach den Berg Meru hinab in das Weltenmeer und wenn man denn an seinem Ufer sitzen könnte, so sähe man das klare Wasser, als ob es immer so gewesen wäre. So säße man und würde nur Klarheit sehen, sodass man selbst nur trüb sein kann. Doch das ist alles nur die Einbildung eines Reisenden auf der Suche nach Beschäftigung. Vielleicht, vielleicht aber eben auch nicht – wer weiß das schon so genau? Im Endeffekt sind wir doch alle nur eine kleine, goldene Perle auf der Wange der Zeit. Doch auch Perlen haben Denkmäler.

Da fällt mir die Frage von damals, als ich mit Chris am See war, ein. Jetzt würde ich sie mit Ja beantworten.

»Der du die Herzen durchwaltest und unseres Landes Schicksal gestaltest, Panjab und Orissa, das Land der Gujraten, Bengalen, der Süden, das Reich der Marathen, Himalays, Vindhya, die heiligen Quellen Von Jamna und Ganga, des Ozeans Wellen erwachen bei deinem Namen, dem hehren, nach deiner Gnade sie flehend begehren und singen Lieder zu deinen Ehren, der du zum Segen der Völker waltest und unseres Landes Schicksal gestaltest. Heil dir, heil dir sei Heil!«

India!

♌

CREDITS

Ich danke folgenden Dingen, Personen und Eigenschaften:

1000 Indern, Nepalesen, Dhotis, Wasserflaschen, Colaflaschen, Fantaflaschen, Spriteflaschen, Paludrine, Chlorochin, Lariam, Paracetamol, Imodium akut, Poly-Alcohol Hautantisepticum, Nobite, Hidrofugal, TeeProSyn Fußpflegecreme mit Teebaumöl, Fucidine, Bepanthen Wund- und Heilsalbe, Beipackzetteln, Tetrahydrocannabinol, Ananda, Reiskörnern, Dals, Chabatis, Pokaras, Puris, Koftas, Vindaloo, Mumbai Bhelpuri, Dosas, Gulab Jamun, Bebinca, Barfi, Bananen, Ananas, Wine of the Desert, Äpfeln, Tomaten, Gurken, Currys, Butter-Chicken, Bohnen, Papayas, Mangos, Hühnchen, Kühen, meinen Füßen, North Indian Railways, South Indian Railways, Amby, Zollbeamten, Rikshafahrern, Hotelboys, Taxifahrern, Sonnenscheinstunden, Regentropfen, Kokosnüssen, Umesh Nair, Nikon, Raymond, Affen, Elefanten, Ziegen, Schafen, Ratten, Kids, abgegriffenen, speckigen Computertastaturen, verlausten Betten, x-Milliarden neuen Neuronen, dem verschwundenen Fett, Mastercard, Lonely Planet, Reise-Know-How, Bank of India, Delhi, www.megasheraton.com, Krishna, Langzeitzottelzecken, 14-Tage-Pauschaltouristen, Japanern, reisenden Geografiestudenten (die wissen immer so viel über den Grund, auf dem man gerade steht), Italienerinnen, Franzosen, Travel India, www.karnimata.com., Zee-TV, MTV-India, Sony-TV, BBC, NDTV, Star Movie, Krishna TV, CNN, Deutsche Welle, GMX, www.wetter.de, India Today, Times of India, Ganesha, Durga Puja, www.royalfamilyjaipur.com, Paul Travels, Manikarnika Ghat, Varanasi, West Nepal Entrepreneurs Association, Mona Lisa Hotel Kathmandu, meinen gepflegten Melancholieanfällen, Windows95 bzw. 98-Abstürzen, Stromausfällen, den Pornolinks im Internetexplorer (die immer fein säuberlich sortiert in den Explorer-Favoriten zu finden waren), albernen, blonden Schwedinnen, die immer zu viert unterwegs waren, Black Diamond, Bodhi-Bäumen, Chai Masala, Pushkar Passport, Universal Oleoresins, S. Narendra Kumar & Company, Hotel Mile Stone Nargarkot, padt@gaushala.mos.com.np, Indira-Gandhi-Airport Delhi, Tribhuvan International Airport, British Airways, Gulf Air, Alisha, den Frankfurter Verkehrsbetrieben (denen ich immer noch 30 Euro fürs Schwarzfahren schulde), Vi Smith, Fairlawn Hotel Kalkutta, Thomas Barkemeier, Rainer Krack, Rupa Hotel & Lodge Bhotechaur, Cottage Arts Emporium Madurai, Surya Tours & Travel, Pandhal Kochi, Toddy, Feni, www.costamalabari.com, Main Boat Jetty (K.S.R.T.C. Jetty), Sikhs, Parsen, Jains, Mahabharata-Epos, Ramayana, Kingfisher Premium Lager Beer – The King of good Times, Good Old Monkey Rum, Strong5000 Beer, Kameltreibern der Wüste Thar, Jal-Vahatuk Shikari Sanstha Maryadit, Kurzzeitzottelzecken, Kolkata International Airport, Palolem, Palm Clore Cottage Benaulim, Poopada Tourist Home Munnar, Kashi Art Café Kochi, Siddharta Gautama, Bimbis, Saravana-Bhavan-Kette, Belahiya Nepal, McDonald's India, Sri-Meenakshi Tempel Madurai, Hotel Times Madurai, Ruby's, Ascot Hotel Mumbai, Surya Jaisalmer, Classic Hotel Jaipur, Best Western Hotel Jodhpur (die mir nach stundenlangem Betteln endlich Bargeld gegen Plastikkarte gaben), Shanti Lodge Agra, Deedar-E-Taj Hotel Agra, Puja Guest House Varanasi, Ajatsatru Hotel Gaya, Sudder Street & Fairlie Place Kalkutta, Crawford Market Mumbai, Connaught Place New Delhi, Indra Chowk Kathmandu, den Henna-Strandfrauen von Goa, Mula Gandhakuti Vihara Saranath, Milky Baba, Mahabodhi Tempel in Bodhgaya, Pumpernickel Bakery Kathmandu, Golden Gate Guest House Bhaktapur, Banwari Lal Sherma, Tata Tea Ltd., Kamat Mumbai, Axe, arme Italienerin (die, soweit ich es noch erfuhr, alt und hässlich war – arme Camelboys), Josef aus Munnar, Pama Ran Jaisalmer, meinen unzähligen Fahrern und Führern, Ganja, Dörte aus Dortmund und ihrem ersten Joint.

Und besonderes danke ich Helen für die endlosen Stunden des Korrekturlesens und für das Philosophieren über die Abgründe deutscher Grammatik, die ich wohl nie verstehen werde.

Natürlich danke ich auch all den anderen Gehilfen: Daniel, Tino, Kay, Robert, Susan, …, denen ich die fünf Millionen Versionen dieses Buches zu lesen gab. Und ebenso Sirko, Chris, Sebastian, Manu und Toralf, ohne die Indien nicht das wäre, was es ist.

APPENDIX

Ananda	Sanskrit: Glückseligkeit
Anandamid	körpereigenes Cannabis (THC) mit ähnlichen Wirkungen wie beim natürlich gewachsenen · kommt besonders auf längeren Busfahrten mit erhöhter Temperatur oder überall dort, wo man die rosarote Brille aufhat, zum Einsatz · chemisch: ein Derivat der Arachidonsäure, einer in den Zellmembranen vorhandenen Fettsäure · wirkt an besonderen Rezeptoren im Kleinhirn und im Hippocampus
Anjuna	Ballermann im fernen Osten, wo die LSD-Junkies noch immer in vermoderten Gefängnislöchern sitzen, weil sie nicht mehr wissen, wer sie sind (kein Wunder, das Gift hat ihre Synapsen gekillt und der heilige Banyan-Baum von Arambol den Reisepass)
Amaravati	Sanskrit: Götterresidenz
Bodhi-Baum	Feigenbaum (Asswatha- oder Pippala-Baum), unter dem Siddharta Gautama laut Legende nach siebentägiger Meditation seine Erleuchtung fand und zum Buddha wurde
Brahma	Gottheit · personifizierter Schöpfer des Universums
Brhaspati	Gottheit der Gebete
Chapati	einfaches, sehr köstliches Fladenbrot · wird zu jedem Essen serviert · ist im Grunde nicht weiter als ein dünner, auf heißer Herdplatte gebackener Fladen aus Wasser und Mehl
Chai Masala	indischer Tee mit Milch, Zucker und vielen Gewürzen (Ingwer, Zimt, Kardamom, Nelken, Pfeffer) · nicht mit billigem Tütentee zu vergleichen

Chillum Rauchwerkzeug Shivas

Dal Linsenbrei · Allerweltsgericht

Dharma religiöses Gesetz, Gebot, Lehre, Gesetz des Lebens · wichtigste Grundlage des Hinduismus, Grundlage des Lebens, aller Dinge und des Universums · drückt sich im rechten Handeln der Menschen aus

Dreadlocks das, was die »Zottelzecken« auf dem Kopf haben, also Haare, Läuse, Dreck · PS: unglaublich hohe THC-Rückstände, also durchaus rauchbar!

Durga Aspekt der Muttergöttin Devas, auch Parvati (Tochter des Himalaya) genannt · Parvati ist weiterhin die Gattin Shivas · in der hinduistischen Mythologie ist der Kampf Durgas mit dem Stierdämon Mahishasura bekannt · ein weiterer Aspekt Devas' ist Kali, die Göttin der Zerstörung

Feni hilft bei Japanern, 14-Tage-Pauschaltouristen, »Zottelzecken« oder Henna-Besudelei · nach zwei doppelten ist alles nur halb so schlimm · Kokos- oder Cashew-Schnaps mit über vierzig Prozent Alkohol – umwerfender Erfolg garantiert!

Ganesha elefantenköpfige Gottheit, Sohn Shivas · wird als Glücksbringer beim Autofahren verehrt · korrekterweise hat Shiva seinem Sohn im Suff den Kopf abgeschlagen und dann nichts Besseres zu tun gehabt, als ihm einen Elefantenkopf aufzusetzen

Ganga Arta abendliche Puja in Varanasi zu Ehren Mutter Gangas

Ganja heiliges Kraut Shivas

Garuda Adler · Reittier Vishnus

Gaya Stadt im Nordosten Indiens (Bundesstaat Bihar), in deren Nähe Siddharta Gautama

	unter einem Bodhi-Baum seine Erleuchtung fand
Ghat	Treppenstufen, die zu einem Fluss bzw. See führen · dienen als Kult-, Wasch- und Verbrennungsplatz
Goa Velha	»Willkommen in Goa«
Hanuman	heldenhafter Affengeneral im Ramajana-Epos · half Rama (Inkarnation Vishnus) bei der Rettung seiner entführten Frau Sita
Henna	rötliche Farbe, mit der die indischen Strandmädels alle Touristen bepinseln wollen, in der Regel ab fünfzig Dollar aufwärts
Kollam kandal illam venda	»Wer nach Kerala kommt, wird seine Heimat schnell hinter sich lassen.«
Kama Sutra	indische Liebeskunst · Kama: Gott der Liebe und des Verlangens
Karma	dem Gesetz des Karma zufolge hat jede Handlung eine Ursache und eine Wirkung, die unausweichlich ist · das Schicksal jedes Menschen wird von seinem Karma bestimmt, was im Ergebnis sein Tun und Handeln lenkt · Glück und Unglück sind damit die Folgen vergangener Taten
Lakshmi	Göttin des Glücks und der Schönheit · Gattin Vishnus · erschien bei der Quirlung des Milchmeeres · wird auf einer Lotusblume sitzend dargestellt · verwandelt sich in Sita
Mahishasura	Stierdämon · siehe auch Durga
Malayalam	südindische Sprache · wird überwiegend in Kerala gesprochen
Manikarnika	Verbrennungsstätte in Varanasi
Meru	Götterberg des Hinduismus
Mokscha	Entsagung bzw. Überwindung jeglicher körperlicher Grenzen · hinduistisches Pendant zum buddhistischen Nirvana
Nandi	Bulle · Reittier Shivas

Namaste Allzweck-Begrüßungs- und Abschiedsformel · frei zu übersetzen mit »Guten Tag«, »Seien Sie mir gegrüßt«, »Auf Wiedersehen«

Nirvana Zustand positiver, erleuchteter Leere und Auflösung des Ichs · höchstes spirituelles Ziel der Buddhisten, das durch einen rechten Lebensweg und Meditation erreicht werden kann

Omkara heiliger Klang (Silbe) Om. Der heiligste aller Klänge, der älter ist als das All und der aus ihm entstandenen Götter · diese Grundsilbe erzeugt die kosmische Schwingung, die die Atome des Himmels und der Erde zusammenhält

Pakora gebackene, würzige Kartoffel-Teigtaschen mit Gemüsefüllung · typisches Straßenessen, das jede Straßenküche perfekt in ranzigem Öl und einem verrußten Tiegel frisch zubereitet

Palolem Hippieparadies im Süden Goas, wo man noch gepflegt seinem Drogenrausch frönen kann

paretooptimal glücksoptimaler Punkt, an dem sich niemand besser stellen kann, ohne einen anderen schlechter zu stellen · also morgens in Palolem mit einer Tüte

Parvati friedlicher Aspekt der Muttergöttin Devas · Gegenstück zu Durga und Kali · Tochter des Himalaja · Gattin Shivas

Puja hinduistische Zeremonie zur Verehrung eines Götterbildes · es kann sich dabei um ein einfaches Ritual oder um eine prunkvolle öffentliche Feierlichkeit handeln

Rajasthan Bundesstaat im östlichen Indien · Land der märchenhaften Maharajapaläste, legendenumwobenen Trutzburgen und bitterarmen Landbevölkerung

Ram	heiliges gesprochenes Mantra (heiliger Gedanke, der von einem Wort umschlossen ist) anlässlich des morgendlichen Sonnengebetes
Rupie	indische Währungseinheit
Terai	fruchtbare, moskitoverseuchte Ebene in Südnepal, angrenzend an Indien · am besten, man kommt schon mit viel Fieber, dann stören einen auch die Moskitos nicht mehr
Thar	Wüste im Westen Indiens, im Bundesstaat Rajasthan
THC	Tetrahydrocannabinol, psychoaktiver Wirkstoff in Hanfpflanzen · da es dem Anandamid vom Aufbau sehr ähnlich ist, kommt es zu ähnlichen Zuständen
Sadasiva Anutatan	stilles Gebet am Fluss
Sadhus	heilige Männer Indiens · verehren Shiva und sind eigentlich ständig bekifft
Sanskrit	heilige Schrift Indiens, in der die wichtigsten religiösen Texte verfasst sind (erste Aufzeichnungen stammen aus dem 4. bis 3. Jh. v. Chr.) · Grundlage aller indoeuropäischer Sprachen (Keltisch, Normannisch, Griechisch, Slawisch, …)
Sari	klassisches Kleidungsstück in Indien
Sati	Gattin Shivas · sie verbrannte sich selbst, weil ihr Vater versäumt hatte, ihren Gatten einzuladen · sie wurde damit Vorbild für unzählige Frauen, die sich nach dem Tod ihres Ehemannes verbrennen lassen
Shiva	Gottheit, »Der Gnädige« · einer der wichtigsten und widersprüchlichsten Götter im Hinduismus · Gott der Zerstörung, Askese, des Yoga und der Weltentsagung · Herr

der Berge · Gatte der Parvati und Vater Ganeshas · besitzt eine gute und eine furchtbare Seite · wird über den Lingamkult verehrt · raucht Ganja

Shiwaliks erste Bergkette des Himalaja · bis zweitausend Meter hoch, grenzt an das Terai

Stupa buddhistisches Heiligtum in Form einer Glocke

Uschas Göttin der Morgenröte

Veden älteste Texte im Sanskrit, zirka viertausend Jahre alt · erste schriftliche Anhaltspunkte des Hinduismus'

Vishnu Sonnengott · Herr der Welt · Gatte Lakshmis · wird öfters auf einem Lotus sitzend oder auf seiner Weltenschlange Ananta dargestellt · durchläuft zehn Inkarnationen

Christiane Fladt

MEKKA GEN WESTEN

Unterwegs in Pakistan

Shimshal im Karakorum, Pakistan: Das Leben hier, auf 3.000 Metern Höhe, ist auch im neuen Jahrtausend hart und entbehrungsreich – besonders für Europäer. Der Lebensrhythmus wird vom Lauf der Jahreszeiten und der Natur bestimmt: extreme Temperaturschwankungen, das nahezu gänzliche Fehlen moderner Errungenschaften wie fließendes Wasser und Elektrizität sowie ein Zusammenleben der Menschen auf engstem Raum sind an der Tagesordnung und hinterlassen Spuren – »Hände wie Baumrinde« haben dort oft schon Kinder.
Wie kommt eine Lehrerin aus Baden-Württemberg dazu, für ein Jahr dort hinzugehen und in dem kleinen Bergdorf Englisch zu unterrichten?
Christiane Fladt hat diesen ungewöhnlichen Schritt gewagt. In »Milchtee mit Salz« nimmt sie uns mit auf die Tour, in deren Verlauf sie sich endgültig mit dem Pakistan-Virus infizierte und diesen Entschluss fasste – trotz aller Warnungen im Nachgang des 11. September 2001!
Begeistert von der warmherzigen und gastfreundlichen Offenheit der Menschen und der beeindruckenden landschaftlichen Kulisse lebte sie ein Jahr im Haus der Familie von Lal Paree und Qudrat Ali. Jenseits ausgetretener Touristenpfade bekam sie einen tiefen Einblick in den Alltag und die Bräuche an diesem abgelegenen Ort, an dem »Mekka gen Westen« liegt.

208 Seiten, gebunden, 60 Farbfotos
ISBN 978-3-938157-48-0
Ladenpreis 16,90 Euro

VNL

Verlag Neue Literatur
Jena · Plauen · Quedlinburg
2006